WAC BUNKO

朝鮮通信使の真実

江戸から現代まで続く侮日・反日の原点

WAC

はじめに――現代に受け継がれた歪《いびつ》な韓国人の対日精神構造

「（日本人は）穢《けが》れた愚かな血を持つ獣人間だ！」

普通の日本人にはほとんど信じられない話であるが、右に記した悪質な人種差別的な暴言は実は昔、一人の朝鮮知識人が日本民族に投げつけた罵倒《ばとう》の言葉だ。

暴言を吐いた人の名前は金仁謙《キムインギョム》、十八世紀の朝鮮王朝の中央官僚で、トップ級の科挙試験に合格した朝鮮一流の知識人だ。

彼は一体なぜ、日本に対してこのようなとんでもない暴言を吐いたのか。その背景には、当時の朝鮮王朝の日本に対する使節団の派遣があった。

日本の江戸時代の慶長十二年（一六〇七年）から文化八年（一八一一年）までの二百数年間、隣の朝鮮王朝から、十二回にわたって徳川幕府に外交使節団が送られたことがある。それはすなわち、本書のテーマとなる「朝鮮通信使」の派遣である。

一七六四年に、朝鮮から第十一回目の通信使が派遣されてきた時、高級官僚の金仁謙は使節団の一員として来日した。半年以上にわたる日本滞在中、彼は随所自分の見聞を叙事詩に書いて、帰国後にはそれを『日東壮遊歌《にっとうそうゆうか》』という「日本紀行詩集」にまとめて刊行した。

上述の日本民族にたいする酷すぎる罵倒語はまさに、彼が『日東壮遊歌』に書き残した一行である。大都会の大坂を見物した時に詠んだ叙事詩の中でこのような暴言が吐かれたのだ。

罵詈雑言を書き残した朝鮮通信使

今の日本の多くの教科書や専門書が歴史上の「朝鮮通信使」の来日を「友好交流の旅」だと持ち上げているが、「友好交流」の使者の一人であるはずの金仁謙は一体どうして、日本人に対してそれほど憎しみに満ちた暴言を吐いたのか。

実は、日本や日本人に対して差別的な暴言を吐いたのは何もこの金仁謙だけのことではない。十二回にわたって来日した通信使たちの書き残した数多くの「日本紀行」や「日本論」を丹念に読めば、彼らはいたるところで日本人と日本に対して聞くに耐えないような罵詈雑言《ばりぞうごん》を浴びせていることが分かる。

その中では、「日本人は人柄が軽率で凶悪であり、女はうまれながらに淫《みだ》らである」と書く人もいれば、日本人のことについて「その淫らな気風は禽獣《きんじゅう》とは何の変わりもない」と公言する人もいる。

ある人が「面目は人間であっても、行いは犬と豚の如く」と日本人のことについて評していれば、別の人が出てきて、「その国へ行けば、見渡すところは豺や貅の類ばかりである」と言って、日本民族全員を中国伝説上の怪獣である「豺《さい》」や「貅《きゅう》」に貶《おとし》めたのである。

現代の感覚からすれば、それらの言説こそは許し難い超悪質な人種差別的表現であり、いわばヘイトスピーチの極めつきであるが、それらの汚い暴言を吐いたのは決して朝鮮の「ネトウヨ」でもなければ無学の暴民でもなく、まさに朝鮮を代表する一流の知識人たちである。彼らは日本に対して、一体どれほどの酷い偏見とどれほどの激しい憎しみを持っているのだろうか。

もちろん、使節として来日した彼らは、日本で何らかの差別的な待遇を受けたわけではない。金仁謙自身を含めた多くの通信使たちが書き残した「日本紀行」を読めば分かるように、当時の江戸幕府と幕府の命令を受けて通信使の接待に当たった沿道の諸大名は、むしろ財力と誠意の限りを尽くして彼らを最高級の賓客《ひんきゃく》としてもてなした。その中では、通信使が来る度に彼らの宿舎を新造する大名もあれば、朝鮮人の口に合う豚肉の提供のために長崎から豚数十匹を調達してくる藩もあった。

日本人からこれほど心尽くしの接待を受けている通信使たちは一体どうして、彼らの接待に心を尽くしている日本人たち、ひいては日本民族全体を「禽獣」とか「犬と豚の如く」とか「血の汚れた獣人間だ」とかと罵倒しまくっているのだろうか。

正直、新参者の日本人である筆者の私は、朝鮮通信使による上述の日本侮辱の暴言をさまざまな文献で読んだ時には心から発する憤りを抑えきれなかった。そんなのはあまりにも酷すぎるのではないか。日本人からあれほどの善意なる接待を受けていながら。なお日本人のことを「禽獣」とか「獣人間」とかと侮辱する朝鮮の知識人は、一体どういう人間たちなのか。

もちろん、筆者の私は、彼ら朝鮮知識人とは違って人種差別者ではない。だから私は、それらの朝鮮知識人のことを「禽獣である」とは絶対言わない。彼らのことをわれわれと同じ人間であると認めよう。

しかし問題はまさにここである。同じ人間同士であるはずの彼ら朝鮮通信使は一体どうして、日本人に対してそれほどの酷い差別的偏見とそれほどの激しい憎しみを持つようになったのか。

コンプレックスの裏返し

実は筆者の私自身は二年前に偶然な機会があって、日本で出版された前述の金仁謙著『日東壮遊歌』を読んでから、この問題意識を持ち続けていた。「それは一体何故なのか」と自分一人で苦悶して思考しながら、入手できる限りの朝鮮通信使にかんする資料や文献を読み漁《あさ》った。

そしてつい、最近に入ってから自分なりの結論に達した。その結論とはすなわち、一流の朝鮮知識人達が日本や日本人に対してあれほど悪質な罵詈雑言を浴びせたのは、そして日本人のことを「禽獣」だと極力に貶めたのは、それらは全部、彼ら朝鮮知識人の日本に対する深刻な劣等感、コンプレックスの裏返しでしかない、ということである。

つまり彼ら朝鮮知識人は、日本と日本人に対してはどうにもならないような深刻な劣等感、あるいはコンプレックスを心の中に抱いているのだ。そして、このような深い劣等感から抜け出してズタボロになった自分たちの自尊心を何とかして守っていくために、彼らは極力日本人や日本のことを貶め、日本民族のことを「禽獣」や「獣人間」だと罵倒するに至った。それほどまでに日本人や日本のことを貶《けな》しておかなければ、それほどまでに日本や日本人のことを侮辱しておかなければ、彼らはもはや、自尊心や優越感の一つも持つことができない、そして自分たちのアイデンティティを保つことすらできないのだ。

結局のところは要するに、朝鮮知識人の日本差別も日本罵倒も全部、「パンツ一丁」となった彼ら自身の自尊心とアイデンティティを守っていくための必死の「努力」であろう。しかし逆に考えてみれば、日本罵倒と日本侮辱を行う以外に、自分たちの自尊心もアイデンティティも守れない人このたちは一体、どれほど哀れで惨めな人たちなのか。

つまり、筆者の私が、朝鮮知識人たちの日本罵倒文の紙背《しはい》から読み取ったのは、まさに彼ら自身の哀れさと惨めさであるが、問題は、その背景にあった、彼らの日本対する深度なコンプレックスの正体は一体どういうものなのかだ。

朝鮮知識人の深度な「日本コンプレックス」は一体どこから生まれてどうやって肥大化してきたのか。そして朝鮮知識人の抱く「日本コンプレックス」は一体どのようにして、彼らの日本に対する憎しみと偏見に化してしまったのか。それこそは、本書がこれからさまざまな文献と史実に基づいて探求していく中心的テーマであるが、その具体的な内容は、読者の皆様の読む楽しみにとっておきたい。

「侮日＝日本侮辱」こそは「民族精神発揚」の最善の手段

ここでは最後に一つ付け加えたいことは、すなわち、日本人と日本に対して深刻なコンプレックスを持つが故に激しい憎しみの感情と偏見を持った朝鮮知識人の精神構造は決して、通信使の時代に限られたものではない、ということだ。

このような歪《いびつ》な精神構造はむしろ、通信使の時代から現在に至るまで脈々と受け継がれてきて、今や一部の知識人だけでなく韓国国民の多くに共有されるような「国民的精神構造」となっているのではないか。

このような歪《ゆが》んだ精神構造がかの国に遍在しているからこそ、今の韓国では、国会議長から多くの一般国民まで、権力者の大統領から民間のマスコミまで、人々は理由もなく日本人や日本にあらゆる罵詈雑言を浴びせ、あらゆる汚い言葉で日本人と日本のことを侮辱し貶めているのである。かの国では「反日」こそは「愛国」の最大の印であり、「日本罵倒」こそは憤懣と憎しみのはけ口であり、そして「侮日=日本侮辱」こそは「民族精神発揚」の最善の手段となっているのである。

もちろん、向こうの国におけるこのような異常状態は、日本という国の現実のあり方や日本国の対韓政策とはほとんど関係がない。日本は韓国に対して何もしなくても、韓国には常に上述のような歪な精神構想が遍在しており、日本に対しては常に、「反日」や「侮日」の矛先を一方的に向けてくるのである。

そしてその背後にある歪な精神構造は、かの国においては、朝鮮通信使の時代からすれば四百年以上も持ち続けられてきたものである。今後もおそらく、変わっていくことはないと思う。そうするとわれわれとしては、かの国と出来るだけ関わらないのは一番賢明な対処法であり、余計なトラブルや対立を避けるための最善策でもあろう。

本書はこれからの一連の記述と考察を通して、現在には一種の国民精神として受け継がれてきている朝鮮知識人の歪な対日精神構造を浮き彫りにしていくことになるが、この一連の知的作業を通して本書の達した最後の結論はまさに、「あの国と関わるな！」ということである。おそらく読者の皆様も本書を一読してくれれば、向こうの国の歪んだ精神構造に対する理解を深めると同時に、私と同じような結論に達するのではないかと思う。

そう、かの国とできるだけ関わらないのは、日本と日本人にとってのもっとも賢明な選択となるのである。

最後に、本書企画の段階から多大なご理解を示し編集にもご尽力を頂いた、ワック出版局の仙頭寿顕編集長に心からの感謝を申し上げたい。そして、本書を手にとっていただいた読者の皆様にはただただ、頭を下げて御礼を申し上げたい次第である。

令和元年十月吉日

奈良市内・独楽庵にて　石平

朝鮮通信使の真実

江戸から現代まで続く侮日・反日の原点

目次

通信使の日本口撃は自然風景にも及ぶ
富士山も日本人の善意も全て、貶しの対象となる
日本人は「禽獣」であり、「豺」「貗」である
心尽くしの接待を受けながらの日本憎し

第三章

「日本コンプレックス」の塊だった通信使たち……

申維翰『海游録』の悪意の日本口撃
日本人に対する人種差別的侮辱
弄ばれる日本人の誠実さと純粋さ
目に余る朝鮮知識人の意地悪さと卑劣さ
金仁謙『日東壮遊歌』にみる「心の歪さ」

日本人は「穢れた愚かな血を持つ」獣人間か
朝貢使としての悔しさをやりきれない金仁謙

装幀／須川貴弘（WAC装幀室）

第一章

朝鮮通信使は事実上の朝貢使節だった

十二回にわたる朝鮮通信使派遣の概要と二つの疑問

江戸時代の慶長十二年（一六〇七年）から文化八年（一八一一年）までの二百数年間、隣の朝鮮王朝から十二回にわたって、徳川幕府に外交使節団を送られたことがある。日朝交流史上有名な「朝鮮通信使」の派遣である。

朝鮮通信使とは何か。これに関し、株式会社平凡社の「百科事典マイペディア」の解説は簡潔明瞭なので、それを下記に引用する。

「（朝鮮通信使は）朝鮮来聘使ともいう。江戸時代に将軍の代替わりやその他の慶事に際し、李氏朝鮮（李朝）の国王から派遣された使節。豊臣秀吉の朝鮮侵略（文禄・慶長の役）の後、徳川家康は対馬の宗氏を通じて国交回復につとめ、一六〇五年の日朝和約で国交が回復。この結果一六〇七年から一八一一年まで計十二回にわたって使節が来日。最初の三回は朝鮮侵略の際に日本へ拉致《らち》された朝鮮人の送還を兼ね、回答兼刷還使《かいとうけんさつかんし》と呼ぶ。総勢四百名前後の大使節団で、沿道の大名が盛大に饗応。国内に将軍の国際的地位を示す上でも来日は重視されたが、一七一一年新井白石は使節の待遇を簡素化した」

以上は、「百科事典マイペディア」による「朝鮮通信使」の解説である。それを補足するもう一つの文章として、「ブリタニカ国際大百科事典 HYPERLINK "https://kotobank.jp/dictionary/britannica/1968/ の「小項目事典」の関連解説の一部内容を下記に引用しておこう。

「一行はプサン（釜山）から対馬を経て大坂に到着し、京都から江戸へ東海道を下った。江戸城において国書・進物が献上され、将軍からは返書などが返された」

二つの百科事典からの以上の二つの引用で、朝鮮通信使の概要はほぼ分かるであろう。要するに日本の江戸時代の初期、国内の支配体制を固めた徳川家康の下に朝鮮使節団が派遣されてきたことを契機に、それ以来の二百年間、朝鮮王朝は計十二回、大規模の大使節団を江戸の幕府に送り、徳川将軍に国書と進物を献上した、ということである。

そして、十二回の使節団はほとんど、日本における将軍の代替わりとその他の慶事に際して派遣されるものだから、その目的（少なくとも名目上の目的）はあくまでも、日本側の慶事に対する祝賀なのである。

それではこの十二回の使節団派遣は具体的にはどういう名目で、いつ実施されたかを、姜在彦著『朝鮮通信使がみた日本』（明石書店）のまとめに即して見てみよう。

最初の一回は一六〇七年の派遣である。使節団の名称は「回答と刷還使《さつけんし》」である。後述において詳しく記すように、使節団派遣の名目は外交関係の回復を求めた日本側の「国書」に対する朝鮮王朝の「回答」と、秀吉の朝鮮出兵で日本に拉致されてきた朝鮮人の祖国帰還（刷還）を実現させるためである。

二回目の使節団派遣は十年後の一六一七年である。依然として「回答と刷還使」の名称を使っているが、目的は幕府による大阪平定と日本全域の統合への祝賀である。

三回目は一六二四年の派遣である。使節団の目的は徳川幕府の三代目将軍・家光の襲《しゅう》職《しょく》（職務継承）をお祝いすることである。

四回目は一六三六年の派遣である。この回から使節団の正式名称は「通信使」となってその後も踏襲されることになる。使節団派遣の目的は「泰平の賀」、すなわち日本国内の天下泰平を祝賀するものである。

それ以後の通信使派遣は下記のものである。

第五回、一六四三年。目的は将軍家長男の家綱誕生のお祝い。
第六回、一六五五年。目的は家綱の将軍襲職の祝賀。
第七回、一六八二年。目的は綱吉の将軍襲職の祝賀。
第八回、一七一一年。目的は家宣の将軍襲職の祝賀。
第九回、一七一九年。目的は吉宗の将軍襲職の祝賀。
第十回、一七四八年。目的は家重の将軍襲職の祝賀。
第十一回、一七六四年。目的は家治の将軍襲職の祝賀。
第十二回、一八一一年。目的は家斉の将軍襲職の祝賀。

以上は、江戸時代において十二回にわたって朝鮮から日本に派遣された通信使の概要である。とにかく一六〇七年から一八一一年までの二百年余りの間、日本で将軍の襲職がある度に、あるいは将軍家長男の誕生などの慶事があるときに、朝鮮王朝がそれを祝うために使節団を派遣してきた訳である。

しかしよく考えてみれば、一つ不思議なことに気がつく。朝鮮は日本の徳川幕府に慶事がある度に祝賀の使節団を派遣してきたのに対し、日本側は朝鮮王朝の慶事を祝うための使節団を派遣したことは一度もないのは一体どういうことなのか、である。

実際、江戸時代を通して朝鮮は十二回にわたって日本に使節団を送ったのに対して、日本側は朝鮮に使節団を派遣したことは一度もない。江戸時代の二百六十年余りにおいて、朝鮮では当然、新しい国王の即位などの国家的慶事が数多くあったはずであるが、日本の徳川幕府はそれを祝賀するための使節や使節団を派遣した痕跡はない。通信使というのはあくまでも、朝鮮からの一方的な使節団の派遣であった。両国間におけるこのような徹底的な不均衡さ、あるいは不対等さは一体どういうことだったのか。

実は江戸時代以前では、日本は盛んに朝鮮に使節を送っていた。朝鮮王朝が成立したのは一三九二年のことであるが、その時の日本は室町時代の最中であった。そしてこの時代、朝鮮は時々日本に使節を派遣してきたのに対し、室町幕府の足利政権は実は六十回以上にわたって朝鮮に「日本国王使」使節を送った。将軍足利義政の治世だけで十七回の派遣があったから、室町時代を通して日本から朝鮮への使節派遣は頻度の高い恒例行事であることが分かる。

しかし戦国時代を経て江戸時代になると、日本からは朝鮮に使節を派遣するようなことはもはやない。朝鮮から一方的に使節が派遣されただけである。それは一体何故なのか。

現代の教科書や歴史書の多くは、「朝鮮通信使」のことをまさに「信を通じ合う」ための善隣外交だと捉えている。しかし普通、国家間の善隣外交というのは相互的・対等的なものであるはずである。つまり、朝鮮王朝が江戸幕府の慶事祝賀のために十二回も使節団を派遣してきたのならば、その返礼として日本は本来、朝鮮王朝の慶事お祝いのために朝鮮に使節を派遣しなければならない。しかし実際、江戸幕府はこのようなお祝いの使節や使節団を朝鮮に派遣したことは一度もない。

ここでさらに重要なのは、日本側が一度も朝鮮に返礼のための使節あるいは祝賀のための使節を送っていないのに、朝鮮側は別にそれを問題視することもなく、一方的に日本に使節団を送り続けたことである。

一般の人間関係からしても、そんなことは普通ありえない話であるが、朝鮮は一体どうして、日本側に使節団の派遣を求めずにして自分たちの方から一方的に使節団を送り続けたのか。

なぜ日本から朝鮮に「通信使」を派遣しなかったのか

これにかんしては、朝鮮通信使を取り扱う多くの書物には、一つの「解釈」が時々現れてくるのである。

この解釈とはすなわち、江戸幕府は朝鮮に通信使を送らなかったのは、朝鮮側がそれを望まなかった、あるいは受け入れたくなかったからだ、ということである。

そう主張する人々は曰く、日本の戦国時代に豊臣秀吉が朝鮮に出兵したとき、日本軍はまさに室町時代の「日本国王使」が使った道路を辿ってソウルに攻めていったから、この歴史的教訓を覚えた朝鮮王朝は、もはや二度と日本からの使節団を朝鮮半島に招き入れたくはない、だから江戸時代になると、通信使の派遣は朝鮮から一方的なものとなった、ということである。

このような解釈は一見、説得力があるように見えるが、よく考えてみればそうではない。江戸時代の初期、秀吉の朝鮮出兵の記憶がまだ鮮明であった時には、朝鮮王朝が日本の徳川幕府にある程度の警戒心を持っていたことは十分に考えられようが、それがその後の二百年間も続いて、朝鮮王朝が日本使節団を受け入れたくない理由にしているとは考えにくい。実際、江戸時代を通しては徳川幕府支配下の日本はまさに世にも珍しい典型的な「平和国家」であるから、朝鮮はその二百年間にわたって日本に対してずっと警戒心を持ち続けているとは、全く現実味のない話ではないのか。

実は、江戸初期の家康の時代でも、朝鮮は日本の「半島侵略」に警戒心を抱く必要のまったくないことを示した史実としてのエピソードがある。それは、現代韓国の学者の著書の中でも紹介されている。

韓国の清州大学日文科教授で、広島大学に留学した鄭章植氏は、その大作の『使行録に見る朝鮮通信使の日本観』（明石書店）において、こう記した一節がある。

「（朝鮮使節が）家康と秀忠に会ってみると、六十六歳の家康は健康そのもので、二十九歳の秀忠は勇猛で度胸があり、使臣の接待においても配慮している様子をうかがうことができ、良い印象を与えた。また、帰路に堺で鉄砲五百丁と日本刀購入の際、家康が特別に許可を下したので、手に入れることができた。過去の交戦国に武器の購入まで許した家康の友好的な配慮を称賛したことからも、日本による再侵の危険はほとんど感じられず、むしろ家康に感謝の念を抱いていた。朝鮮が使節の帰路に鉄砲購入を指示したのも、すでに徳川幕府が朝鮮に友好的であると信じた証拠である」

鄭教授がここで取り上げた朝鮮使節は一六〇七年、朝鮮王朝から徳川幕府に派遣された初めての使節団のことである。そして鄭教授はここで、この使節団にまつわる一つ重要な事実を披露した。

日本を訪れた朝鮮使節団は、朝鮮の朝廷からの指示により、堺で鉄砲五百丁と日本刀を調達して朝鮮に持ち帰った、ということである。そして、日本でのこの武器調達を許可したのは家康である。

この事実は実に重要な意味を持っているのである。まず日本側においては、家康は使節団による武器調達を許可したことで、日本としては二度と朝鮮に出兵するような考えのないことを、そして日本はもはや朝鮮の敵ではないことを、実に明白な形で朝鮮側に示した。幕府としては少しでも、朝鮮と一戦を交える可能性を考えているのならば、虎の子の鉄砲が朝鮮に大量に渡ることを絶対許可しないであろう。

そしてさらに重要なことは、徳川幕府のこのような考えは、朝鮮王朝がよく分かっているはずである。鄭教授の上記の文章もそう示唆《しさ》しているように、日本の幕府が朝鮮に対して敵意をまったく持たずにむしろ友好姿勢であることを知っているからこそ、朝鮮の朝廷は使節団に日本での武器調達を指示したわけである。そして武器調達の成功は逆に、朝鮮王朝の幕府の友好姿勢に対する認識を深めたはずである。

そうなると、朝鮮の朝廷は日本からの再びの「侵略」を警戒しているから、日本人が半島の地を踏むことを好まずにして日本からの通信使を受け入れたくないという前述の解釈がまったく成り立たなくなるのである。江戸時代を通して日本から朝鮮に通信使を一度も派遣しなかったことの原因は、そんなところにあるわけでないことがわかってくるであろう。

通信使の派遣を熱望したのは朝鮮の方だ

では、次に朝鮮王朝は十二回にもわたって日本に通信使を派遣したのに対し、日本の徳川幕府は一度も朝鮮に「通信使」を送らなかったのは一体何故かの問題を考えてみたい。

戦国時代の秀吉の朝鮮出兵の際、日本軍が室町時代の日本使節団の辿った道に沿って進軍したという歴史の教訓があるから、朝鮮王朝は江戸時代になっても日本人が半島に入ることを警戒している。だからこそ朝鮮王朝は日本からの使節団を受け入れたくはないというのは上述の問題に対する一種の解釈であるが、前節での論考を通じてわれわれは、それは真実に沿わない単なる俗説であることが分かった。

ならば朝鮮王朝は一体どうして、日本側からの使節団派遣がないままの状況下で、一方的に日本に使節団を送り続けたのか。彼らはそれが不対等であるとは一度も思わなかったのか、彼らはそれが屈辱であるとは一度も感じていなかったのか。

韓国の一部教科書を中心に、この問題に対するもう一つの解釈がある。曰く、文化的後進国の日本が先進国の朝鮮との交流を熱望しているから、徳川幕府が朝鮮王朝に懇願した結果、朝鮮の朝廷はそれに応じて通信使を日本に送り続けた、ということである。

この解釈のミソは要するに、朝鮮が一方的に日本に通信使を送ったのは、日本側がそれを懇願《こんがん》したからだ、ということである。あたかも、日本側の懇願があるから朝鮮側は仕方がなく、日本に通信使を派遣し続けたのかのような風情である。

しかし事実は果たしてそうであるのか。形的には確かに、徳川幕府はその都度、朝鮮王朝に対して使節団の派遣を要請している。しかしそれは決して「懇願」であるわけではない。後述において詳しく記すように、日本側はむしろ、常に上位の立場から「命令」するような姿勢で、否応無しに朝鮮側に通信使の派遣を要請しそれを実現させているのである。

その一方、日本よりもむしろ朝鮮の方は、日本への通信使の派遣に熱心であってそれを積極的に進めた。この辺のことは、第一回目の通信使派遣の経緯を詳しく見ると一目瞭然である。

朝鮮からの第一回目の通信使派遣は一六〇七年（慶長十二年）のことである。秀吉による二回目の朝鮮出兵（慶長の役）が終結してから十年も経たないうちの使節団派遣だから、それは当然「戦後処理外交」としての色彩が強い。また、一六〇三年（慶長八年）に徳川家康が征夷大将軍となってから四年後の使節団派遣でもあるから、使節団の派遣を通じて日本の新政権との関係樹立を望む朝鮮側の意図が強く反映されていたのである。

そして、使節団の派遣と関係樹立までのプロセスにおいて、主導的な役割を果たしたのは、日本の徳川幕府ではなく、むしろ仲介役としての対馬藩と一方の当事者である朝鮮王朝である。

第一回目の通信使派遣に至るまでのプロセスは、仲尾宏著『朝鮮通信使―江戸日本の誠信外交』（岩波新書）によって詳しく記されているので、以下では、この著作の記述に沿って概観してみよう。

豊臣秀吉の朝鮮出兵によって、日本と朝鮮の関係は一時的に断絶したが、戦争が終結してからまもなく、仲介役として両国間の交渉再開に一肌を脱いだのは、宗氏を領主とする対馬藩である。

九州と朝鮮半島の間に位置する対馬は昔から、日本と朝鮮との文化的・人的交流の橋渡りであり、日朝貿易の重要拠点としての役割をも果たしている。土地が狭くて食糧の自給もできない対馬は室町時代辺りから、日朝貿易の主要拠点の役割を果たすことで莫大な利益を得て、地域の経済と人々の生活を成立させていた。

しかし秀吉の朝鮮出兵が始まると、日朝貿易が途切れた。対馬自体は出兵の拠点に使われて戦争に巻き込まれて大きな損失を被り、経済が疲弊《ひへい》して存亡の危機に立たされた。

幸い、秀吉の死をきっかけに戦争が終結すると、対馬藩としては一日も早く日朝貿易を再開させたい。そのためには両国間の関係回復を何として実現させたいのである。

その目的のために対馬は、慶長の役が終結した年の一五九八年年末から使節を朝鮮に派遣し始めた。一五九九年と一六〇〇年にも二回目と三回目の使者を立て続け朝鮮に送った。

朝鮮王朝はそれを受けて、まずは対馬との関係を回復し、釜山における対馬藩の「開市」（貿易活動の開始）を許した。それは当然、来るべき日朝交渉再開の仲介役を対馬に期待しての措置であろう。

一六〇〇年十月の関ヶ原の戦いを経て日本における家康の覇主的地位が固まると、朝鮮王朝はいよいよ、日本との関係回復に乗り出した。朝鮮はまず、一六〇二年に二人の使者を対馬に派遣した。使者は対馬を通じて日本側に朝鮮出兵の謝罪と秀吉軍によって日本に連行された朝鮮人の送還を強く求め、それを日本との関係回復の前提条件とした。それに対して、対馬は逆に、日本の中央政権に使節を派遣することを朝鮮に求めた。

これを受け、朝鮮王朝は一六〇四年八月、松雲大師という高僧を「探賊使」として日本に送り、徳川政権の日朝関係にたいする考えを探らせようとした。対馬に着いた松雲大師らはまず、対馬領主の宗義智に面会して日本と関係回復の意を伝え、家康に面会するための斡旋役を対馬藩に頼んだ。対馬藩は早速、家老の柳川調信を家康の下に急派して、対処の仕方を伺った。

関ヶ原の戦いに勝って天下を掌握した家康は、豊臣政権の政治に対する清算の一環として朝鮮との戦後処理を急ぐ考えであった。家康は早速松雲大師との面会を認め、大師ら一行を家康自身が滞在している京都に連れてくることを対馬藩に頼んだ。こうして一六〇五年二月、家康と松雲大師の会談は伏見城で行われた。その時、家康はすでに征夷大将軍となって幕府を開き、名実共に日本の最高権力者となった
会談の中で家康は、自分が豊臣政権の朝鮮出兵と無関係であることを明言した。同時に、自分の率いる幕府は朝鮮に再度出兵する意志はまったくないと松雲大師らに告げた。また、日本に連行されてきた朝鮮人の送還の要望にたいし、家康は誠意を持って対処すると約束した。

満足して帰った松雲大師の帰国報告を受け、朝鮮の朝廷では対日外交方針が再三議論された。その結果、朝鮮王朝は日本の幕府政権との関係樹立の前提として二つの条件をまとめて家康に突きつけることにした。

条件の一つは、秀吉の朝鮮出兵の際に朝鮮王朝の王陵をあばいた犯人を日本から探し出して朝鮮に引き渡すこと。条件のもう一つは、家康の方から「日本国王」としての書

簡（すなわち国書）を朝鮮王朝に送ることである。

前者の条件は、朝鮮側は日本との戦後処理を終わらせるために国内向けに最低限クリアしなければならない課題であるが、後者の条件となると、それは要するに、朝鮮王朝は自らのメンツを保つために、日朝間の関係回復はあくまでも日本側の要請に基づくものであることにしておきたいための演出である。とにかく、朝鮮王朝は本音としては日本の徳川新政権との関係樹立を急ぎながらも、あくまでも自分たちのメンツに拘《こだわ》っているから、上述の二つの条件を対馬藩を通して日本側に突きつけた。

しかし対馬藩は結局、朝鮮から提示されたこの二つの条件を家康と幕府の方にきちんと伝えなかった。二つの条件をそのまま伝えると、それが家康と幕府を怒らせてせっかくの関係回復交渉が破綻する恐れがあるからだ。つまり対馬藩は、家康と幕府はこの二つの条件を呑むことはないと踏んでいたわけであるが、このことから見ても、やはり家康と幕府はけっして、朝鮮との関係樹立を急いでいないことが分かる。

しかし対馬藩の方は焦っていた。対馬としては何としても日本と朝鮮との関係正常化を実現させたい気持ちであったが、ここでは大変なジレンマに陥っていた。朝鮮側の出した二つの条件を家康にそのまま伝えていたら交渉が破綻する危険性があるが、それをきちんと伝えて家康と幕府からの返事をもらえないと朝鮮との交渉は当然纏《まと》まらない。つまりどっち道、対馬が藩の運命をかけて進めている日朝関係正常化の話は破綻《はたん》することになるのである。

そこで対馬藩は、起死回生の冒険行為に打って出た。彼らはまず、以前に家康から預かった別の書簡を、朝鮮側の要求した通りの「日本国王から朝鮮国王に送る書簡」に改ざんした。そして、朝鮮側が要求した「王陵をあばいた犯人」の引き渡しにかんしては、対馬藩内の二人の無関係の若者を「真犯人」に仕立てて朝鮮に渡すことにした。

こうして一六〇六年十一月、対馬藩は家臣を派遣して、「日本国王」の印が捺された「家康の国書」と、王陵暴きの「真犯人」二人を朝鮮に送致した。

しかし、一方の朝鮮王朝は直ちに、対馬が送って来た「国書」と「真犯人」の両方とも偽物であることを見抜いた。まずは「真犯人」にかんしては、朝鮮国王の仁祖は自らが吟味《ぎんみ》した結果、二人の「犯人」の年齢が若すぎで、朝鮮出兵の時の日本軍の兵士であるはずはないと裁断した。そして「家康国書」にかんしては、対馬から京都までの往復日数からして「国書」の到着が早すぎたことと、家康は中国の明王朝から冊封《さくほう》を受けていないから「日本国王」の印を持っているはずもないことを合わせて考えると、「国書」もやはり偽物であることと判断された。

つまりこの時点で朝鮮王朝は、自分たちの提示した条件に満たすために対馬藩が送ってきた「真犯人」と「国書」の両方がまさに偽りであることを完全に見破って、それを知っていた。

本来なら、朝鮮はこの偽りの「国書」と「真犯人」の両方を対馬に突き返して交渉のやり直しを求めるべきところであったが、大変意外なことに、朝鮮王朝は結局、対馬藩による偽りを偽りだと知りながら、それを受け入れることにした。日本側に提示した前述の二つの条件は全部満たされたことにして、徳川幕府との関係樹立にゴーサインを出した。

騙されていると知りながらその騙しをそのまま受け入れるとはいかにも奇妙にして情けない対応の仕方であるが、そのことは逆に、日本の新政権との関係樹立を焦っているのはまさに朝鮮の方であることを何よりも証明しているのではないか。

果たして朝鮮王朝は、日本側の対応（すなわち対馬藩の騙し）に満足したかのようなふりをして、対馬の要求に応じて日本に通信使の派遣を決定した。それはすなわち、第一回目の通信使の派遣であるが、使節団の正式名称は「回答兼刷還使《かいとうけんさつかんし》」にされた。つまり、家康からの「国書」にたいする「回答」と、日本に連行された朝鮮人を連れ戻すこと（刷還）は使節団派遣の名目上の目的とされた。

そして、使節団の派遣が決定されたのと同時に、朝鮮側は対馬藩によって「真犯人」に仕立てられた二人の無実の若者を処刑して、朝鮮王朝の面目を辛うじて保つことが出来た。

以上は、朝鮮が日本に第一回目の通信使を派遣するに至るまでの経緯であるが、そこから分かってくる大変重要なことはすなわち、徳川幕府と朝鮮王朝との関係樹立を主導的に働きかけたのは幕府自身ではなくむしろ対馬藩であること、そして関係樹立と通信使の派遣に大変積極的だったの朝鮮王朝の方であることだ。朝鮮王朝に至っては、日本の新政権との関係樹立を急ぐあまりに、対馬から送ってきた偽りの「国書」を偽りだと知りながらそれを受け取り、対馬の仕立てた「王陵暴き」の「真犯人」を偽物だと知りながらそれを処刑した。

こうしてみると、「徳川幕府が朝鮮に懇願したから、朝鮮は通信使を日本に派遣した」との説はまったくの嘘であることがよく分かったはずだ。日本側は朝鮮に懇願したことはまったくない。歴史の真実はむしろ、朝鮮の方は日本に通信使を送りたくて仕様がないからそれを送ったのだ。

朝鮮王朝が徳川将軍に送った礼物は単なる「朝貢品」か

以上は、第一回目の朝鮮通信使派遣が実現されるまでの経緯であるが、そこからはっきりと分かってきたように、朝鮮通信使の派遣に対して、招く側の徳川幕府よりも、むしろ送る側の朝鮮王朝の方がよほど熱心であった。そしてそのあとの十一回の通信使派遣に関しては、形的にはいつも、幕府側は対馬藩を通して朝鮮側に要請することから話が始まるわけであるが、それに対して、朝鮮側は幕府の要請を拒否したことは一度もない。要請さえあれば朝鮮王朝はいつでも喜んで通信使を出すことになっていたのである。

しかもその際、朝鮮は日本の幕府に対して、返礼として日本からの通信使の派遣を要請したこともない。約二百年間、日本からの使節派遣は一度もないまま、朝鮮側は一方的に日本に通信使を送り続けたのである。

現代の外交感覚からすれば、日本の江戸幕府と朝鮮王朝とのこのような関係性はあまりにも不対等なもので、いかにも不可思議であるが、実は当時の東アジアの国際政治においいては、このような国家間関係の形はむしろ普通なものであって、一種の決まったパターンなのである。

この決まったパターンとはすなわち、中国大陸周辺に位置する諸民族・諸国が、定期的に中華帝国に使節を派遣し、「天朝」に対する服従と忠誠を示すための「朝貢《ちょうこう》」を行うことである。

日本こそは例外であるが、朝鮮通信使が派遣されたその時代、朝鮮や琉球、あるいはベトナムの王朝が、最初は中国の明王朝、その後は清王朝に対してまさに「臣下《しんか》」の礼をとって朝貢の使節を派遣し続けた。

その際、明王朝にしても清王朝にしても、宗主国の中華帝国は、周辺民からの朝貢を持って皇帝の権威を天下に示したい思惑から原則として朝貢を喜んで受け入れているが、その一方、受け入れ側の中華帝国よりも、朝貢する側の諸国の方はより熱心だったのが普通である。中華帝国に朝貢して中国の皇帝から「〇〇国王」の称号を授けたり正統性を認めてもらったりすることは、朝貢国の王たちにとって自らの政治的権威の樹立と強化に大変役に立つからである。しかも周辺国にとって、中華帝国によって認められることは、余所《よそ》の国との争いにおいても優位に立つことになるから、周辺国が競って中国の王朝に朝貢してくるのは当時のアジア外交の日常風景であった。

周辺国が好んで中国王朝に朝貢してくることの、もう一つの隠された目的があった。中国の皇帝に多少の朝貢品を持っていけば、結果的には中国皇帝から数倍、あるいは十数倍の価値のある下賜品《かしひん》、あるいは下賜金をもらえるからである。だから諸国はいつも好んで中国王朝に朝貢使節を出す。時には中国王朝の方がうんざりとなるほどの熱心さであった。

こうしてみると、日本に対する朝鮮王朝の一方的な通信使派遣は、周辺国の中華帝国に対する朝貢とは結構類似しているのではないかと思われる。受け入れる側の日本がじっとしているのに対し、送る側の朝鮮が自ら好んで通信使を一方的に送り続けたその姿勢は、中華帝国に対する周辺国の朝貢とはよく似ているのではないか。

実は、一六〇七年に実現された第一回目の通信使派遣の内実をより詳しく見ていると、それが「朝貢外交」の色彩の強いものであることがよく分かるのである。

第一回目の朝鮮使節団は一人の上使《じょうし》（正使）と二人の副使をトップとした総勢五百人の大使節団である。一行は一月十二日にソウルから出発して釜山港から出航し、対馬を経由して九州に渡る。そして瀬戸内海を東に航行して大坂に着く。大坂から淀川を遡って京都にたどり着き、京都でしばらく滞在した後に東海道で一路、江戸へ向かうのである。一行は江戸に着いたのは同じ年の五月二十四日であるが、江戸幕府の将軍に朝鮮国王からの国書を伝達するのは通信使の最大の任務である。

その時、使節団は朝鮮国王から徳川将軍に送る数多くの礼物（贈り物）を持ってきているが、仲尾宏著・前掲書によれば、礼物のリストは下記のものである。

錦緞（高級繊維製品）五十疋　黒麻布三十疋　白苧布三十疋
虎皮八張　豹皮五張　人参五十斤　厚白紙五十束　清蜜五十斤

以上は、第一回目の朝鮮通信使は徳川幕府の将軍宛に持ってきた礼品の数々であるが、その中身のチョイスと全体の特徴は実は、周辺国の朝貢使節が中国皇帝に捧げる朝貢品のそれとはよく似ているのである。

周辺国が中国皇帝に朝貢品を捧げる場合、原則としては付加価値のそれほど高くない素朴な特産品をよく使う。富のあることをみせびらかすような贅沢品や自分たちの文明度の高さを示すような精巧な工芸品を持っていけば、それが逆に中国皇帝と朝廷の不興を買って災いをもたらす恐れがあるからである。

だから朝貢国は普通、慎みの深い態度で素朴な特産品を朝貢品として中国皇帝に「笑納」して頂くことにしているが、朝鮮王朝の使節が日本の将軍宛に持ってきた上述の礼物の多くはまさにこのような特徴の備えた品々であると言って良い。「虎皮八張、豹皮五張、人参五十斤」となると、それはまさに、周辺の後進国（あるいは野蛮国）は文明の頂点に立つ大国中国の皇帝に捧げるのに最も相応しい物品である。つまり朝鮮王朝は、中国皇帝に捧げる朝貢品とは同じような基準と感覚で、徳川幕府将軍への礼物をチョイスしたわけであるが、日本に派遣された朝鮮通信使は、この点においてもやはり、中華帝国への朝貢使節とは類似しているのである。

のちに編纂された『徳川実紀』でも、朝鮮側からの礼物をまさに「貢物」だと明記しているから、日本側もやはり、それが朝貢品であると認識していることが分かる。

とにかく朝鮮通信使は毎回、将軍宛の「朝貢品」の数々を持って江戸にたどり着くわけであるが、彼らはここで、使節としての最大の任務を果たすこととなる。それはすなわち、江戸城に上がって幕府の将軍に朝鮮国王からの国書を、礼物のリストと共に提出することである。実は、まさにこの最大にしてもっとも正式な儀式において、朝鮮の使節はまさしく「朝貢使」としての振る舞いを余儀なくされていたのである。

朝鮮通信使が徳川将軍に「朝貢の拝礼」を行なった

第一回目の朝鮮通信使が江戸に到着したのは一六〇七年五月二十四日のことであるが、通信使が江戸城に上がって徳川将軍に朝鮮国王からの国書を呈したのは六月六日である。「国書伝達」と呼ばれる儀式が江戸城大広間で執り行われた。その時の将軍は徳川二代目の秀忠であるが、秀忠は上段の褥の上に黒色の衣冠姿で着座し、国書を受けた。座敷奉行は本多正信・大久保忠隣・酒井忠世の三名である。秀忠は本多正信を通じて、使節遠来の労苦をねぎらう言葉を述べた。それから、朝鮮側の上使・副使の三使臣は将軍秀忠に対して「四度半の礼」をしたあと、互いに酒杯の献をくりかえし、引き続き菓子とお茶が出されて公式行事は終了した。

以上は、江戸幕府の儒官である林鵞峯が編纂した『歴朝来聘』(国立公文書館蔵)に記載された、第一回目の朝鮮通信使による国書伝達の儀式の全過程であるが、この儀式において、朝鮮通信使の三使臣が将軍に向かって「四度半の礼」を拝礼したことは大変重要なポイントである。

「四度半の礼」は普通、主君に対する臣下の拝礼であるが、朝鮮王朝と徳川幕府との関係は対等的なものである場合、朝鮮国王の名代である三使臣は、将軍に対してこの「四拝の礼」を行うことはなく、「二度半の礼」をとるべきところだ。中華帝国を頂点とした当時の東アジアの「礼の秩序」においては、一国の使節が外国君主に対して「四度半の礼」を行なった場合、それは事実上、相手の外国君主に対する「朝貢の礼」となるのである。

実例の一つを上げれば、日本の対馬藩の使節が朝鮮を訪れる時には実際、朝鮮国王の「殿牌《でんぱい》」に対して四礼拝の礼をとっていた。

一六一一年に、日本の対馬藩と朝鮮王朝との間で『己酉《キユウ》条約』が結ばれた。この条約において、朝鮮側は対馬藩が釜山に「和館」を設置してそれを拠点に日朝貿易を行うことを許した一方、朝鮮王朝が毎年、対馬藩に米・豆、百石を賜ることをも定めた。つまりこの「条約」において、朝鮮王朝は明らかに対馬藩のことを「臣下」である「属国」として取り扱っているが、一方の対馬藩も日朝貿易を独占して莫大な利益を得るためにはあえてこのような立場に甘んじた。

そうなると当然、朝鮮王朝は対馬藩に対して「臣下の礼」をとってもらうことを求めてくる。これに関して、仲尾宏著・前掲書がこう記述している。

「(『己酉条約』で)もう一つ注目すべきことは、対馬からの使者は朝鮮側の定めにより、一定の儀式を受けるが、それは『朝貢』の形式をとっていたことである。和館の外の『草梁客舎』と呼ばれる建物で、まず朝鮮国王の『殿牌《しるし》』に対して四礼拝をする。そのあと宴会が催されるのだが、いずれも居並ぶ朝鮮側の役人の前で臣下のような形式をとることを求められる」

以上の記述からは分かるように、朝鮮王朝は日本の対馬藩を「朝貢国」として取り扱って、対馬の使節に「朝貢」の形式をとってもらうようにしているが、この「朝貢の形式」の最たるものは要するに、対馬の使節が朝鮮国王の「殿牌」に対して四拝礼をおこなうことである。これでは、一国の使節が相手の君主に対して四拝礼するのはまさに「朝貢の礼」であることは明々白々であるが、前述のように、朝鮮王朝の通信使節が徳川将軍に対してとったのは、この四拝礼よりもさらに丁寧な「四度半の礼」だったのである。

つまり、対馬藩の使節が朝鮮国王に「朝貢の礼」をとったのと同じように、あるいはそれ以上に、朝鮮の使節は徳川将軍に対しても「朝貢の礼」をとったわけである。この一件からしても、朝鮮王朝から日本に派遣された通信使は、まさに「朝貢使節団」そのものであることがよく分かるのではないか。

実は、朝鮮王朝からの使節の中でも、自分たちのとったこの屈辱の「朝貢の礼」に対して恥と憤りを感じた人がいる。

一七六四年、将軍家治の襲職祝賀のために、朝鮮王朝が第十一回目の通信使を日本に派遣した。使節団の上使（正使）は趙曮《チヨオム》であるが、彼は後に、日本訪問の途中で記した日記を自ら編纂して『海槎日記』を刊行した。この中で趙曮はこの「朝貢の礼」に対する自分自身の「恥と憤り」を吐露したという。

『海槎日記』は日本で出版されていないので、筆者自身はそれを目にしたことはないが、鄭章植著・前掲書はこの件に関して次のように記述している。

「趙曮は江戸で国書伝命式を見ながら、『恥と憤りが倍に増した』と嘆き、『誠に情けない』気分を抑えながら、今後は通信使派遣に変革がなければならないと主張した。趙曮の『恥と憤り』とは、『朝鮮は小中華』だと自負していた使臣が、『倭皇』でもない関白の前に進み、四拝礼まで行い、また、『余所の力を借りて、群衆の意を鎮圧』しようとする幕府の政略にただ従い、『朝貢使』扱いまでされることに対する憤懣やるかたない気持ちでもあった」

以上、現代人の鄭章植教授が、通信使であった趙曮の言葉を引用しながら彼の気持ちを代弁した文章の一節であるが、そこから分かった、大変重要なことの一つは要するに、当事者の通信使・趙曮と研究者の鄭章植教授の両方ともは、朝鮮通信使が徳川将軍に対して行った四拝礼はまさに「朝貢の礼」であると認識している点である。

当事者の趙曮はまさにそれを「朝貢の礼」だと認識しているからこそ、自らがこのような屈辱の四拝礼を行わなければならないことに「恥と憤り」を感じたのであり、研究者の鄭章植教授もやはり、こうした四拝礼を行なった趙曮たちが「朝貢使扱い」されていることを認識しているのである。

ならば、いわゆる朝鮮通信使たるものは、まさに朝鮮王朝から日本に派遣されてきた正真正銘の朝貢使節ではないのか。

幕府による「朝鮮朝貢使」の国内政治利用

以上では、朝鮮通信使が日本の徳川将軍に向かって「四拝礼」以上の「四度半の礼」をとったという決定的な事実から、朝鮮王朝から日本に派遣された通信使は実質上、まさに朝貢使であることを断定できた。それはどう考えても紛れもない歴史の事実だ。朝鮮王朝は確かに、二百年間にもわたって日本の徳川幕府に朝貢したわけである。

その一方、招聘する側の徳川幕府も当然、朝鮮からの通信使を朝貢使だと見なしているのである。

歴史の記録から見ると、幕府とその関係者たちはさまざまな場面では確かに、「朝鮮通信使はすなわち朝貢使である」との認識を明確に示している。

例えば一六〇五年、林羅山は中国福建省総督宛に送った家康の黒印状を起草したとき、日本周辺の国々が幕府の「徳化」を慕っていると強調した中で、まさに「朝鮮入貢」との言葉を使って朝鮮が通信使を派遣して日本に朝貢していることを実例として挙げている。

その時代、いわゆる「徳化を慕って入貢してくる」云々というのは、中国の朝廷が周辺国からの朝貢に対してよく使う常套語《じょうとうご》であるが、幕府は明らかに、中国皇帝と同じような立場から朝鮮を「朝貢国」だと見なしているのである。

そして幕府はその際、まさに中国皇帝が周辺国からの朝貢を国内政治に利用するのと同じやり方で、朝鮮からの通信使を政治的にうまく利用した。

中国皇帝の周辺国の朝貢に対する政治的利用の一つは要するに、諸国からの朝貢を受けることによって自分こそが至尊至高の天子様であることを天下万民に示し、自らの政治的権威を固めることである。朝貢はそういう意味では、皇帝の権威に対する格好の箔付け、あるいは飾り物となるのである。

徳川幕府もまさに、中国皇帝とは同じような感覚で朝鮮からの通信使を「箔《はく》付けの朝貢」として利用している。将軍が代変わりして新しい将軍が襲職する度に、必ず朝鮮から通信使を呼んでくることの理由はまさにここにある。

その中では、幕府の朝鮮通信使=朝貢使に対する国内的政治利用の極め付けはすなわち、一六一七年における二回目の朝鮮通信使の招聘である。

第一回目の通信使の来日からわずか十年後に幕府が行なったこの度の通信使招聘は、まったく異例尽くしのものである。まずは招聘の名目（すなわち通信使来日の目的）は通常の将軍襲職祝賀ではない。第一回目の通信使から「四度半の礼」を受けた将軍秀忠はその時、三十八歳の働き盛りで将軍職を続けている最中である。

第二回目の朝鮮通信使招聘の名義は実は、「大坂平定・日域統合」に対する祝賀なのである。つまり、一六一五年六月の「大坂夏の陣」で家康が大坂城を陥落し豊臣家を滅ぼして日本全国を名実ともに統合したことを受け、それに対する祝賀使として、幕府は朝鮮通信使を招聘したわけである。

日本の内戦における徳川幕府の戦勝をお祝いするために、外国の朝鮮から祝賀使を招聘してくるとは、それ自体はまさに日朝関係史上、前代未聞の珍事であろうが、さらに異例となったのは、招聘された朝鮮通信使が徳川将軍に謁見して国書を呈する場所は、江戸ではなく大坂近くの伏見城であった。もちろん、この場所が選ばれたのは幕府側の意向によるものである。

この二つの「異例」からは、徳川幕府は第二回目の朝鮮通信使を招聘してきたことの狙いは明々白々である。要するに、豊臣家を武力で滅ぼした後、豊臣方残党や豊臣家に依然として未練のある大名たちに対して徳川幕府の絶対的権威を示す示威行動として、そして京都の天皇や公家集団に対して徳川家の天下はもはや揺るぎのないものであることを誇示する示威行動として、幕府は朝鮮通信使の来訪を演出して見事に利用したわけである。

その際、大阪と京都の間にある伏見城が幕府にとっては格好な演出舞台であり、朝鮮からの通信使がここで徳川将軍に四拝礼してその「大坂平定・日域統合」を祝賀してくることは、まさに徳川幕府が計画した通りの演出だったのである。

実は、この大演出の欠かせない「脇役」として借り出された朝鮮通信使たちも、この演出の目的をよく心得ているようである。「従事官」としてこの時の通信使節団に加わった李景稷という人はのちに『扶桑録』という日本訪問記を上梓したが、その中では李景稷は伏見城での儀式について次のように記している。


「秀忠が秀頼を蕩滅してのち、諸将はその威勢を畏れて、敢えて動くことができなくなった。しかし人心が定まらないのでおのずから疑懼が生じ、親近の者をもって疎遠な者と易え、その妻子を人質として江戸に移している。諸将のうちおのずから安からざる者がかなりある。

六月二十六日に京都に至ると（秀忠の上洛）、六十六州の諸将がみんな兵を率いて来会した。使臣の一行がたまたまその時に当たり、その威勢を誇る一助になったと、はなはだ喜色が深かった」(姜在彦氏著・前掲書より引用)

朝鮮使節団の一員である李景稷のこの記述からは、将軍秀忠は自分が朝鮮からの国書を受け取る儀式に合わせて、「六十六州の諸将」を伏見に招集してきたことが伺える。そして李景稷自身がそう観察しているように、将軍秀忠がそうしたことの目的はやはり、「人心が定まらない」、「諸将のうち安からざる者がかなりある」という状況下で、諸将の「人心」を鎮めるために通信使の来訪を利用することにあろう。李景稷の表現を借りて言えば、要するに将軍忠秀にとっては、使臣一行の伏見到来は「その威勢を誇る一助となった」、ということである。

以上の李景稷の言葉は、思想研究家である故姜在彦氏の著書『朝鮮通信使がみた日本』(明石書店)から引用されているが、実は姜在彦氏自身もこの著書において、朝鮮通信使が伏見城で国書を呈したことの意味合いについて次のように分析している。

「日本の覇者が、完全に豊臣氏から徳川氏に代わったことを、秀忠将軍は徳川幕府にとって唯一に国交のある朝鮮の使臣を迎えて天下に示したのである。
〝伏見聘礼〟は、秀吉恩顧の諸大名にたいする示威であったばかりでなく、京都の天皇や公家にたいする示威でもあったように思われる」

こうして見ると、朝鮮通信使を伏見城に招聘してきた将軍秀忠の魂胆は、まさに自分自身と幕府の権威固めのために通信使を国内政治に利用することであることがよく分かる。そして前述のように、外国からの使節に対するこのような利用の仕方は、まさに中国皇帝が諸国からの朝貢使に対する政治利用の形そのものであり、徳川幕府にとっての朝鮮通信使は、まさに中国皇帝にとっての諸国の朝貢使なのである。

もちろん、朝鮮からの使節たちはそれを百も承知しているし、朝貢使として利用されたことに憤慨を感じた人もいる。例えば前述の従事官李景稷に至っては、伏見城での国書伝達式典に参列して宿舎に帰った時、次のような様子となっていたことが記録されている。

「(その日、従事官は国書伝命式典から)帰ってきて食も廃し、鄭忠信《チョンチュンシン》と相対して涙を流

して、憤慨に堪えずして、ああ！　どのようにすべきであろう！　そこで自嘆の詩を賦した」（鄭章植・前掲書より引用）

つまり使節団の一員の朝鮮知識人の李景稷は、朝鮮通信使が伏見城で将軍秀忠に国書を呈する式典に参列しただけで、帰ってきてからは食も喉を通らずに涙を流して憤慨に堪えなかったご様子であるが、彼らにとってこの式典はどれほど屈辱的なものであったのかがこれで分かるであろう。彼ら通信使の目にはその式典が間違いなく、屈辱の朝貢式典であると映っていたのであろう。

さらに興味深いことに、朝鮮通信使と彼らを派遣した朝鮮王朝は、朝貢国としてこのような屈辱を受けていながら、それからも十回にわたって、日本に通信使を送り続けたのである。屈辱だと承知ながらそうせざるを得ないという朝鮮王朝のこの立場は、中国皇帝に対する朝貢国のそれとはほとんど何の変わりもない。どう考えても、いわゆる朝鮮通信使は、まさに朝鮮の日本に対する朝貢使節団そのものである。

東照宮参詣を余儀なくされた朝鮮通信使

朝鮮通信使を「朝貢使」だと見なしてそれを国内政治に都合よく利用する徳川幕府の態度は、第四回目と第五回目の通信使招聘においても明確に現れている。

一六三六年の第四回目の通信使招聘と一六四三年の第五回目の通信使招聘は、両方共が三代目将軍家光の治世で行われた。実は一六二四年、家光の将軍襲職を祝賀するために朝鮮通信使はすでに江戸にやってきたから、将軍家光の一代で朝鮮通信使を三回も招聘したことはまさに異例中の異例である。

招聘の名目を見ると、第四回目の招聘は「泰平の賀」としている。つまり、日本国内で将軍の代わりがあったわけでもないが、単に日本国の「泰平」を祝賀してもらうために朝鮮通信使を招聘したわけである。一方の朝鮮側は徳川幕府から言われたままに「泰平祝賀」の通信使を大人しく出した。このことから見ても、当時の日本と朝鮮との関係は決して対等の国家間関係ではなく、むしろ日本の方は常に上位に立っていることが分かるであろう。ちなみに、朝鮮からの使節団が「通信使」だと正式に称されるようになったのはこの回から始まったことである。

第五回目の朝鮮通信使招聘となると、その名目は何と、将軍家の世継ぎ誕生の祝賀である。一六四一年八月には将軍家光の長男である竹千代（のちの家綱）が誕生してからまもなく、幕府は対馬藩を通して朝鮮側に祝賀のための通信使派遣を要請した。それに応じて朝鮮王朝王は一六四三年に四六二名からなる大使節団を日本に送った。自分に世継ぎが生まれたからといって朝鮮に通信使の派遣を要請する家光のこの態度は、まるで顎《あご》で相手を使っているかのような傲慢そのものであるが、日本の徳川将軍はやはり、朝鮮王朝のことを「朝貢国」として上から見下ろしているのである。おそらく家光からすれば、朝鮮通信使というのは自分が好きな時に好きなように呼んでくる程度のものであろう。朝鮮王朝に対する徳川将軍の通信使派遣要請は、「要請」というよりもむしろ「命令」に近いものである。

一方の朝鮮王朝は、日本側からの「通信使派遣要請」を断ったことは一度もないから、自分たちが日本の徳川幕府に「命令」されている立場であることも自覚しているようである。特に第五回目の通信使派遣の場合、外国の為政者の世継ぎ誕生にお祝いの大使節団を派遣したことを考えても、いわば「朝貢国」の「宗主国」に対する外交姿勢以外の何ものでもない。

もちろんそれと正反対のことは絶対起こってこない。徳川幕府は朝鮮国王の世継ぎ誕生にお祝いの使節団を派遣するようなことは絶対しないし、現に一度もしたことはない。どちらの方が上位に立っているのかは一目瞭然であろう。

以上のような経緯からすれば、将軍家光による第四回目と第五回目の朝鮮通信使招聘は、まさに「宗主国」的な立場から「朝貢国」に対する事実上の招聘命令であることが分かるが、実はこの二回の通信使招聘においては、家光はさらに朝鮮からの使節団に一つ前代未聞のことを強いた。それはすなわち、彼らに「東照宮参詣」を有無言わずに強要したことである。

徳川幕府の創設者である家康は亡くなって遺体が駿河久能山に安置されたのは一六一六年六月のことであるが、翌一六一七年四月、家康の霊廟が下野国二荒山の麓に移された。将軍家光はここで、もっとも尊敬する祖父のために絢爛豪華な東照宮を造営し、家康の神格を「東照大権現」に改めてこの東照宮に祀《まつ》った。それ以来、家光自身は十回も東照宮に参拝しただけでなく、御三家を初め、諸大名の東照宮参拝はほぼ慣例化されていた。譜代・外様を問わずにして諸大名は競って東照宮に参拝したり施設の一部や所用具を進呈したりして幕府への忠誠心を示した。もちろん幕府側も諸大名の東照宮参詣を奨励することによって、徳川将軍の権威をより一層高めようとしたのである。

そして、一六三六年に第四回目の朝鮮通信使が江戸に到着するやいなや、将軍家光は日本国内の諸大名に対するような態度で、使節団の東照宮参詣を求めてきたのである。

使節団は当初、国王からそういう使命を託されていないことを理由に東照宮参詣を断った。おそらく彼らも、東照宮を参拝することで自分たちの代表する朝鮮王朝が、まさに日本国内の一大名に成り下がることを危惧していたのであろう。

しかし幕府側の態度は強硬である。幕府は仲介役の対馬藩を通して朝鮮の使節団に圧力をかけながら参拝を求め続けた。その結果、使節団は折れて国書伝達後の東照宮参詣を承知した。

一六三六年十二月、使節団のトップである三使臣以下、四七八名のうち二一四名が対馬藩藩主の宗義成先導のもとで江戸を出発して日光へ向かった。鄭章植著・前掲書の記述によると、一行は東照宮の神橋を渡り、陽明門から入って参拝したという。

しかし一方、幕府の圧力に屈して参拝した通信使たちはこの事実を自分たちの日本訪問の記録からできるだけ消してしまおうとしていた。彼らが日光で詠んだ詩はほとんど風景をテーマとするものであって、家康を褒め称えるような言葉は全くない。そして三使臣の残した「使行録」のいずれも日光の旅を「日光遊覧」と書いて「参拝・参詣」の言葉を意図的に使わなかったことにした。

もちろんこのような姑息な小細工は彼らの東照宮参詣の事実を消すことはできない。消してしまおうとしたことは単に、東照宮参詣が、彼らにとって屈辱の旅であることを示していたからであろう。

以上は、第四回目の朝鮮通信使が来日の時に行なった東照宮参詣の一部始終であるが、実は一六四三年に第五回目の通信使が来日した時、彼らによる東照宮参詣はより正式に執り行われて、より本格的なものとなった。

鄭章植著・前掲書の記述によると、第五回目の朝鮮通信使は一六四三年七月十九日に江戸城での国書伝達式をすませると、二十七日には東照宮を参拝し祭礼を執り行った。

その時、朝鮮側は国王からの奉納品として高麗大蔵経の他、朝鮮国仁祖の親筆祝詞と銅鐘・香炉・燭台・花瓶を用意してきた。使節団一行は釜山を発つ前には東照宮で行うべき献香の予行演習まで行ったほか、朝鮮の熟人（料理人）を東照宮にまで連れてきて供え物としてのお菓子を作らせ、周到な準備で祭礼の用意を整えた。

そして祭礼が始まると、朝鮮からやってきた「読祝官」によって朝鮮国王の親筆祝詞が読み上げられた。朝鮮伝統の祭礼では読み上げられた後の祝詞が幣帛と共に燃やされることになるのだが、朝鮮国王の祝詞は将軍家光の意向で燃やされずに保存された。それは朝鮮国王からの銅鐘や香炉などの奉納品と共に、今でも東照宮の宝物の一つとして残っている。幕府の意図はやはり、朝鮮国王からの祝詞と奉納品を永久保存し、それを徳川将軍の権威宣揚に利用していくことにあったのであろう。

その一方の朝鮮王朝は、自国の国王が日本の幕府創設者の霊前に自ら祝詞と奉納品を捧げたことによって事実上、日本の徳川将軍に対する朝貢国の立場を受け入れたはずである。

ちなみに、その時の幕府は朝鮮王朝に対する以外に、琉球王国からの使節団に対しても東照宮参詣を求めているから、徳川将軍の朝鮮王朝に対する立場は、日本の朝貢国である琉球王国に対するそれと同じなのである。

朝鮮通信使による上述のような形の東照宮参詣と祭礼は、一六五五年に第六回目の通信使来日の時でも盛大に執り行われたが、一六八二年の第七回目の通信使来日となると、通信使の東照宮参詣を強く求めた将軍家光はもうこの世にいない。幕府側は再びそれを要求しなかったから、東照宮参詣は自然消滅的に途切れた。

その一方、朝鮮王朝からの通信使派遣（すなわち朝貢使派遣）は恒例化された。日本で新しい将軍が襲職する度に、幕府が対馬藩を通して朝鮮に通告し要請すれば、朝鮮王朝は前例に従ってほぼ自動的に使節団を編成して日本に送ることになった。朝鮮の日本に対する事実上の朝貢はこうして固定化されたわけである。

ちなみに、一六〇九年から薩摩藩の支配下におかれた琉球王国も、一六三四年からは徳川将軍の襲職にさいして「慶賀使」を派遣することになったが、言ってみれば、徳川幕府に対する朝鮮王朝の立場は、薩摩藩の「属国」である琉球のそれとは大差はない。朝鮮は事実上の朝貢国として日本に「臣服」しているのである。

一七一一年に第八回目の朝鮮通信使を招聘してきた時、日本側は通信使節団に対する歓待の簡素化などを含めた「聘礼改革」を行なったが、その中で、幕府は徳川将軍の朝鮮王朝に対する称号を「大君」だと定め、朝鮮に対する国書などの公式文章には日本の年号を使うことにした。

将軍の「大君」称号の使用と国書における日本年号の使用は、中国皇帝が諸朝貢国に対して用いる格式とはほぼ同等のものであるから、この二つの項目を含めた「聘礼《へいれい》改革」

は日本の朝鮮に対する立場をより明確にしたものであると言えよう。仲尾宏著・前掲書は「大君」称号と日本年号の使用を持って「日本型華夷秩序《かいちつじょ》の確立」と見なしているが、まさしくその通りであると思う。

つまり、中国（華）皇帝が頂点に立って諸朝貢国（夷）を従属させているのは本家の華夷秩序であるのに対し、日本はこうした中国中心の華夷秩序とは距離をおく一方、朝鮮と琉球を「夷」として取り扱うことによって、徳川将軍を頂点とする「日本型華夷秩序」を確立したわけである。その際、将軍襲職の祝賀に朝鮮通信使と琉球の慶賀使が江戸に招聘されてくることは、まさにこの「日本型華夷秩序」に対する再確認の儀式そのものであろう。

こうしてみると、少なくとも日本の徳川時代においては朝鮮は確実に、日本に対する朝貢国の立場に成り下がっているのである。

朝鮮が日本に「朝貢使」を派遣し続けた理由

それでは朝鮮王朝は一体どうして、日本に対する事実上の朝貢国の立場に甘んじたのか。日本の徳川将軍の襲職や世継ぎ誕生など祝賀するために、朝鮮国王の名代としての「通信使」を日本に一方的に送ること、朝鮮の使節が徳川将軍に対して朝貢の礼以上の「四度半の礼」を行うことは、朝鮮にとっては屈辱以外の何ものでもないが、それでも彼らは二百年にわたって、このような屈辱の通信使を日本に派遣し続けた。それは一体何故なのか。

実はそれこそは、「朝鮮通信使」の歴史的位置付けを論じる際に考えなければならない最重要な問題であるが、残念ながら、筆者自身が閲読した限りの関係書籍や論考ではこの問題はほとんど論じられていないし、問題として提起されたことすらない。なぜそうなっているのかというと、今まで刊行された「朝鮮通信使テーマ」の書籍や論考のほとんどは、朝鮮による通信使の派遣を日本と対等な立場からの外交活動だと見なしているからである。つまり、今までの研究者の論者のほとんどは最初から、朝鮮通信使のことを「朝貢使」であるとはまったく思っていないから、「朝鮮はなぜ朝貢してきたのか」という問題意識を持つことは当然ない。彼らにとって、この問題は最初から存在していないのである。

しかし朝鮮通信使は果たして、彼らの言うような対等の立場からの外交使節だったのか。本章において綿々と行ってきた論考の数々からすれば、その答えはもちろん「NO」である。

通信使の派遣は対等の立場から外交活動であれば、朝鮮王朝が二百年間にわたって通信使を一方的に日本に派遣し続けることはまずありえない。「相互往来」こそは対等な国家間関係の原則であり対等の印でもあるのだ。

通信使の派遣は対等の立場から外交活動であれば、日本側が要請する度に朝鮮王朝は必ずやそれに応じて通信使を派遣してくるようなこともありえない。朝鮮は日本と対等の主権国家であったなら、徳川幕府からの通信使派遣要請を自分たちの都合で拒否するようなことは一度か二度でもあったはずだ。しかし事実上、朝鮮が拒否したことは一度もない。拒否することのできない要請は、要請というよりも実質上の「命令」ではないのか。

さらに重要なことに、日本と朝鮮との関係は対等であるならば、朝鮮国王の名代としての通信使が、日本の徳川将軍に向かって朝貢の礼である「四拝礼」以上の「四度半の礼」を行うはずはない。しかし事実、朝鮮の通信使が「恥と憤慨」を感じながらもこの屈辱の「朝貢の礼」を二百年間で十二回にもわたって執り行った。そんな国家間関係の一体どこかが「対等」というのか。

どう考えて見ても、通信使の時代の日本と朝鮮との関係は決して対等な国家間関係でなく、通信使の派遣は事実上、朝鮮王朝の徳川将軍に対する「朝貢」だと見なすべきであろう。それならば、「朝鮮は一体なぜ、日本に朝貢しなければならなかったのか」との問題が当然生じてきているのであり、それを真剣に考えておくべきだ。

しかし前述のように、残念ながら今までの通信使研究では、この問題を問題として提起して考察した研究者や論者はほとんどいない。そうなればわれわれは自分たちの力でそれを考察して答えを出す以外にない。以下に述べることはまさに、筆者の私がこの問題に対する自分なりの解答である。

朝鮮王朝が徳川将軍に朝貢した原因の一つはやはり、江戸時代が始まった直前の、秀吉の朝鮮出兵にあったのではないかと思われる。

秀吉の朝鮮出兵による文禄・慶長の役があったのは一五九二年から九八年までの六年間だ。それが一五九八年の秀吉の死をもって収束したが、二年後の一六〇〇年の関ヶ原の戦いで家康は事実上天下を掌握し、一六〇三年には征夷大将軍となって幕府を開いた。そしてその翌年の一六〇四年に朝鮮王朝が松雲大師を日本に送って朝鮮に対する家康と幕府の考え方を探らせた。さらに三年後の一六〇七年には、第一回目の朝鮮通信使が日本に派遣された。

この時間列からみると、一六〇七年の第一回目の朝鮮通信使の派遣はわずか九年前に終わった文禄・慶長の役と大いに関係があると考えるのはむしろ自然のことであろう。実際、第一回目から第三回目の通信使が「回答兼刷還使」と称されることからも分かるように、初期段階の通信使派遣はやはり戦後処理としての意味合いを持っていた。

それでは、日本に連行された朝鮮人の返還などの戦後処理以外に、朝鮮通信使の派遣と文禄・慶長の役とは一体どういう関係があったのだろうか。

ここではまず想起すべきなのは、朝鮮王朝が、その成立した時から国策として採用した「事大外交《じだいがいこう》」の伝統である。「事大」とは要するに「大に事える＝大国に仕える」という意味合いであるが、朝鮮王朝はその成立した時点からまずは隣の大国の中国（当時は明王朝）を「事大」の対象にして中華帝国に従属する国策をとった。

朝鮮王朝の創設者である李成桂は、国名を決める際に「朝鮮」と「和寧」という二つの選択肢を明王朝に送って中国皇帝に決めてもらったエピソードは、まさに朝鮮王朝の中華帝国に対する従属姿勢の現れであろう。そしてそれ以来、朝鮮は中国に対しては徹底した事大外交を行い、明王朝からの冊封《さくほう》を受けて中国皇帝に朝貢し続けた。

朝鮮が明王朝に対して事大外交を行った背景には当然、中華王朝の高度なる文化・文明に対する朝鮮人の憧憬と敬意があろうが、もう一つ大きな理由はやはり安全保障上の考慮ではないのか。

李成桂自身が臣下として仕えた高麗王朝の時代、朝鮮半島は何度も蒙古帝国の騎馬軍団に襲われて国土を蹂躙《じゅうりん》された。そして蒙古帝国を受け継いだ中国大陸の元王朝から散々圧迫されて虐められた。幸い、李成桂が一三九二年に朝鮮王朝を創設した時には元王朝はすでに崩壊して明王朝が中国大陸を支配していた。

新王朝の朝鮮にとって、大陸からの潜在的脅威にどう対処するかは当然国家の運命を左右する大問題であるが、李成桂のとった対応策は要するに前述の事大外交、明王朝に徹底的に従属し忠誠心を示すことによって、大陸からの潜在的脅威を取り除くのである。

そういう意味では、朝鮮の中国に対する事大外交はまさに究極な安全保障政策であるが、李成桂の後の朝鮮の歴代国王はこの事大外交を忠実に継承して、中国皇帝への朝貢を途切れることなく続けた。

もちろん、安全保障策としてのこのような事大外交はかなり成功していた。一三九二年の朝鮮建国から一五九二年までの丸二百年間、朝鮮は一度も外国からの侵略を受けたことがなく長い平和を保つことができたからである

長く続いた朝鮮の平和を破ったのは、一五九二年からの秀吉の朝鮮出兵による文禄・慶長の役である。六年間にわたって、日本軍は朝鮮半島の大半を蹂躙して首都のソウルにまで攻め込んだ。結果的には宗主国の明王朝から援軍を送ってもらったことで、朝鮮は何とか秀吉軍を撃退することができたが、朝鮮半島全体を戦火に巻き込んだ朝鮮出兵はやはり、いろんな意味において朝鮮王朝に大きな衝撃を与えて彼らに安全保障上の大問題を突きつけることとなった。

つまり、六六三年の白村江の戦い以来の七百数十年間、朝鮮にとってはもはや外的脅威ではなくなったはずの日本は再び、軍事強国として現れてきて、朝鮮半島と王朝の安全を根底から脅かすことになったわけである。

幸い、明王朝の援軍の働きもあって秀吉の死去で文禄・慶長の役が終息して朝鮮は滅亡の危機から逃れた。しかしそれ以来、いかにして日本からの軍事的脅威に対処するのかは朝鮮王朝にとっての大きな関心事となったに違いない。まさにそれがために、文禄・慶長の役が終わってから六年後、そして日本の徳川新政権が成立した翌年の一六〇四年

に、朝鮮王朝は迅速に日本に使節を送ってきて幕府の朝鮮に対する考えを探らせ、三年後の一六〇七年に第一回目の通信使を日本に派遣した。

文禄・慶長の役が終わってからの九年間において朝鮮が進めたこの一連の対日外交は、当時の通信・交通条件からすればまさに異例の速さ、素早さをもって賞賛すべきものである。そして朝鮮がそれほどの積極さで徳川新政権との外交関係樹立を急ぐ背景にはやはり、朝鮮出兵の豊臣政権よりもさらに強大な軍事政権の徳川幕府の成立があったのであろう。一日も早く徳川政権と良い関係を作って日本からの軍事的脅威を未然に取り除くことは朝鮮王朝にとっての外交上の急務となった。そしてそのために、朝鮮王朝は結局、日本の徳川将軍に対して朝貢の礼をとり、日本に対する朝貢国の立場に甘んじることとなったのではないか。

つまり、王朝の創始者の李成桂が中華帝国の明王朝に対する事大外交の国策をとることによって、大陸からの軍事的脅威を未然に取り除くことに成功したのと同じように、文禄・慶長の役の後の朝鮮王朝は、海の向こうからの突然現れてきた日本の軍事的脅威に対処するために、徳川幕府に対しても止むを得ず、事大外交を進めたわけである。

もちろん、徳川幕府との接触において朝鮮王朝が日本側に朝鮮を再び侵略する意図のないことを十分に認識したことは前述のとおりであるが、潜在的脅威を未然に防ぐことは朝鮮伝統の事大外交の真意であることからすれば、朝鮮王朝がその後においても徳川幕府に事大外交を行ない続けたのは、かなり合理性のある外交戦略であろう。そして本書の第二章で詳しく記すように、朝鮮通信使が来日とするたびに、日本の経済力と軍事力の強大さに対する朝鮮王朝の認識が改められていったものだから、彼らにはもはや、日本に対する事大外交を続けていく以外に選択肢はない。

それこそが、朝鮮は二百年にもわたって屈辱の朝貢使節である通信使を日本に送り続けた最大の理由ではなかろうか。

日本への朝貢を認めたくない朝鮮のジレンマと精神的勝利法

以上では、朝鮮が事実上の朝貢使節である通信使を日本に派遣したことの理由の一つを見た。文禄・慶長の役において突如現れてきた「日本からの脅威」に対処しそれを未然に取り除くために、朝鮮王朝が日本に対する事大外交を行わざるをえなくなったからだ。

実はそれと並んで、徳川時代の二百年間、朝鮮には屈辱の通信使を日本に送り続けたもう一つの地政学上の理由があった。秀吉の朝鮮出兵とはほぼ同時期から始まった大陸部での女真族の台頭と後金国の建国・拡張である。

古代から、朝鮮半島の国々にとっての大陸からの脅威の主なものの一つは、後に満洲と呼ばれる広大な地域からのそれである。高麗王朝の時代、半島を蹂躙した蒙古軍もまさにこの地域から攻め込んできた。

この地域には昔から女真人の各部族が住んでいたが、一五八八年、すなわち文禄の役（朝鮮出兵）の四年前、ヌルハチという人物が女真人の一支族である建州女真をまとめ上げたことで女真人の統合が急速に進んだ。そして一六一六年にヌルハチは女真人各支族を統一して後金という国を建国した。

統一された女真人の国は当然、隣接する朝鮮半島にとっての潜在的な軍事脅威となった。それ以来、この大陸からの脅威にいかに対処するかは朝鮮王朝にとっての安全保障上の大問題となってくるわけだが、この問題に対処していくためには、文禄・慶長の役の後の日本の新政権（すなわち徳川政権）との戦後処理を急ぎ、軍事強国である日本との関係強化によって大陸からの脅威をはね返すことは当然、朝鮮王朝の国策の一つなった。

一六〇七年に日本に派遣された第一回目の通信使節団が家康の許可をもらって堺で鉄砲などの武器を調達したことは前述のとおりであるが、それはまさに、日本の力を借りて大陸方面からの脅威に備える朝鮮の国策の現れである。そして、まさにこのような安全保障上の国策が一因となって、朝鮮王朝は結局、日本に屈辱の通信使を送って日本に対する事実上の事大外交を進めた。しかも、同じこの理由によって、朝鮮王朝の日本に対する事大外交はそれからの二百年間にわたって続くこととなった。

というのも、一六一六年に建国した後金は急速に勢力を伸ばして拡張し続け、朝鮮王朝にとっての最大にして現実の脅威になったからだ。ヌルハチの後継者であるホンタイジは一六二七年に三万人の大軍を率いて朝鮮半島に攻め込み、首都のソウルにまで達して朝鮮に「城下の盟」を強いた。一六三六年、満洲地域全体を制覇して国名を「清」に改めて皇帝を名乗ったホンタイジは、再び朝鮮に侵攻して朝鮮国王に屈辱の三跪九叩頭《さんききゅうこうとう》の礼をさせ、朝鮮に対する宗主国の立場を確立した。そして一六四四年、清朝軍は北京に攻め込んで朝鮮従来の宗主国である明朝を滅ぼして中国大陸全体を支配することとなった。

大陸におけるこのような勢力交代の中で、朝鮮は清朝の属国となって清朝皇帝にたいする朝貢を行うことを余儀なくされ、それ以来の二百数十年間はずっと清朝の属国の立場にあった。しかしその一方、朝鮮の王朝と知識人は内心では満洲族（すなわち女真人）の建てた清朝を「野蛮民族の国」だと蔑《さげず》んでこの新しい宗主国にたいする強い警戒心を抱き続けた。

こうした中で朝鮮は、宗主国の清朝には不本意の事大外交を行う一方、「野蛮民族」の清朝に対する戦略的牽制の意味合いにおいて、東アジアのもう一つの軍事大国である江戸時代の日本にたいしても事実上の事大外交を進めた。そのためには朝鮮は、清朝に朝貢使節を送るのと同様に、日本にも朝貢使節としての通信使を送り続けた。朝鮮王朝は、二百年間にわたって徳川将軍に一方的に通信使を送って「四度半の礼」を行なったのだ。

つまり朝鮮王朝は、①文禄・慶長の役において顕在化した軍事強国・日本からの潜在的脅威を未然に取り除くこと②女真人の台頭と後金・清王朝の建国で顕在化した大陸からの脅威に対処するために日本の力を借りたいこと、という二つの安全保障上の理由によって日本に対する事大外交を進めたわけであるが、その中では、対日事大外交の印として日本に屈辱の通信使を送り続けたのである。

それはすなわち、朝鮮による通信使派遣の歴史的真相であるが、理由がどうであれ、朝鮮通信使というのは日本に対する事実上の朝貢使節であることは本章を通して考察した通りのことであり、朝鮮王朝の国王は確かに頭を下げて日本の徳川将軍に朝貢を行った。

しかしその一方、この事実は朝鮮王朝と朝鮮の知識人たちにとっては耐え難いほどの屈辱であった。朝鮮王朝と朝鮮知識人の伝統的意識においては、「小中華」である朝鮮こそは本家の中国に次ぐ二番目の文明国家であって文化大国であるから、日本よりはずっと格式の高い国である。特に、文明の中心だったはずの中国大陸が「野蛮民族」の満洲人（女真人）に征服された後は、朝鮮王朝は自分たちこそが今や中国に取って代わって文明の中心となったから、彼らはその内心においては、新しい宗主国の清王朝でさえを上から見下ろす気分となった。

こういう認識の持ち主である朝鮮王朝と知識人からすれば、本来、日本こそが平身低頭して朝鮮に朝貢してくるべきものであってその反対ではない。朝鮮が日本に事大して朝貢使節を派遣するなんかはとんでもない話であってありえないことだ。

しかし、彼らのこうした一方的な主観認識とは裏腹に、現実はまさにその反対である。とんでもない話もありえないことも現実に起きているのだ。日本は一度とも朝鮮に使節を送っていないのに対し、朝鮮側は逆に、日本の徳川幕府からの折々の「要請」に恭しく従って、将軍襲職の祝賀や世継ぎ誕生のお祝いの使節を日本に送り続けた。そして朝鮮の使節が徳川将軍に対しては朝貢の礼以上の「四度半の礼」を余儀なくされた。しかしこれでは、「朝鮮は日本よりはずっと格上の文明大国である」との神話はただの嘘であることが暴露され、朝鮮王朝と知識人たちのプライドが粉々に打ち砕かれた。

勿論、だからと言って、朝鮮王朝は上述の安全保障上の理由により日本への事大外交と朝貢使節の派遣をやめるわけにもいかない。やめてしまえば国の存続が危うくなるのだが、続けていれば王朝としての面子が立たない。朝鮮はその対日外交において実に深刻なジレンマに陥っているのだ。メンツを何よりも重んじる「小中華」の朝鮮にとって、それは一種の国家的危機でもあった。

このような深刻なジレンマから何とか脱出するために、朝鮮王朝の取った必死の対処法はすなわち、朝鮮版の「精神的勝利法」というものである。

「精神的勝利法」とは、中国近代を代表する大作家の魯迅がその名著の『阿Q正伝』において描いた主人公の阿Qの思考法である。客観的には明らかな敗北を、自身の心の中で勝利に置き換えるのはこの思考法の最大の特徴だ。

例えば阿Qはいつも理由もなく人に殴られるのだが、力の弱い彼はまともに抵抗することもできない。そこで阿Qは奇妙な理屈を持ちだして自分を慰めるのである。いま殴られたのは、息子に殴られたようなものなのだ。いまの世の中は息子が父親を殴るような変な世の中なのだから、親の自分が殴られても不思議ではない、だから気にしなくても良いのだと。

つまりこう思うことによって阿Qは、殴られたことへの屈辱感も憤懣を一気に吹っ飛ばして、自分の心の中ではむしろ相手の「親」となって相手よりも上位に立ち良い気分になれるのである。

それこそは魯迅の描く阿Q的思考法の「精神的勝利法」であるが、実は朝鮮王朝は自分たちの行なう対日屈辱朝貢外交への解釈においては、まさにこのような思考法を用いて「精神的勝利」を得ようとしているのである。

これについて、京都大学名誉教授の夫馬進氏はその名著の『朝鮮燕行使と朝鮮通信使』（名古屋大学出版会）において詳しく論じている。

それによると、朝鮮王朝は自分たちの日本との関係を「交隣《こうりん》」と呼ぶことにしているが、実は彼らが言うところの「交隣」とは決して隣国同士の対等的な交わりではなく、むしろ上目線からの「付き合ってやる」という意味合いのものである。

朝鮮が対日関係について使う「交隣」という言葉は中国古典に由来する。『孟子』という儒教の経典において、斉の国の国王である宣王が孟子に「交隣の道」を尋ねたという次のような場面があった。

斉の宣王が「隣国と交わるためにはどうあるべきか」と孟子に聞いた。これに対して孟子は、「仁の心のある者（仁者）だけが〝大を以って小に事《つか》える〟（以大事小）ことができる。智ある者（智者）だけが〝小を以って大に事える〟（以小事大）ことができる」と答えたという。

孟子はここで、国家間の「交隣の道」として「以大事小」と「以小事大」という二つの正反対の原理を持ち出しているが、儒教の経典を「聖典」とする儒教国家の朝鮮は、まさにこれを拠り所にして自分たちの対中国外交と対日外交を解釈しているのである。

対中国外交にかんしては、朝鮮王朝は孟子の「以小事大」を根拠にしてそれをそのまま「事大」だと規定している。つまり対中国にかんして朝鮮は素直に、自分たちが「事大外交」をやっていると認める。もちろん孟子の教えに従えば、「以小事大」というのはそもそも「智者」のやることであるから、朝鮮の対中国事大外交は彼ら自身の中では一応「知恵のある外交」だと解釈されている。

しかし日本に対しては、朝鮮は事実上の事大・朝貢外交をやっていながらそれを素直に認めるわけにはいかない。死んでも認めたくない。しかし「事大」とは言わずにし一体どう解釈するのかとなると、孟子の言う「以大事小」は、彼らにとって大いなる助けになるのである。

つまり彼らからすれば、朝鮮の日本に対する朝貢外交は決して「事大」ではなく、まさに「以大事小」の「事小」となるのである。つまり、朝鮮という格式の高い大国はあえて、「小国」の日本に「事える」のである。そしてここでもっとも肝要なのは、孟子の言う「以大事小」は「仁の心のある者」(仁者)の行うことである、という点である。朝鮮王朝はまさにこの孟子のこの一言を持って、自らの対日屈辱朝貢外交を、「仁者の行う」素晴らしい外交だと解釈し直してそれを正当化することができた。このような解釈においては、「大を以って」日本に「事える」朝鮮の方はむしろ大国であって素晴らしい「仁者」の国であるから、精神的にはむしろ、日本に対する優位に立つことができたわけである。

そんなのはまさに魯迅の言うところの「精神的勝利法」そのものであり、「親が子供に殴られた」という阿Qの論法とは何の変わりもない。ただの朝貢外交はこの論法の一つで上目線からの「仁者の外交」だと解釈され、そして朝鮮王朝はこれでは、自分自身の中で精神的勝利を収めることができ、大事なメンツをかろうじて保つこともできたのである。

そして、このような精神的勝利法の解釈においては、朝鮮王朝の日本に対する通信使=朝貢使の派遣はもはや「朝貢」ではなくなった。高い文明・文化と仁の心を持つ朝鮮は、「野蛮国」の日本に文化とは何か文明とは何かを見せつけて日本人に「仁の心」を教えてやるために、苦労を辞さずに日本に通信使を送り続けた、ということである。

夫馬進著・前掲書の記述によると、朝鮮が日本に派遣する通信使節団に、正使・副使以外に「製述官」と「書記」のポストを設けて朝鮮知識人(両班)の中から詩文の造詣がもっとも高いものを選んでそれに当てるのだが、「製述官」と「書記」の主な仕事は、要するに詩文を中心とする朝鮮の格式高い文化を日本人に教えてやることである。

このようにして、安全保障上の必要から日本に事大外交を行い、事実上の朝貢使を送り続けた朝鮮王朝は、上述のような精神的勝利法としての自己流解釈を以って、何とかして「小中華」としてのプライドを保つことができたのだが、問題は、朝鮮がこれで精神的勝利をおさめることができていても、日本に屈辱の朝貢使を送っている現実を変えることができないしそれを取り消すこともできないことだ。実際、通信使として日本にやってきて徳川将軍に「四度半の礼」を余儀なくされた朝鮮トップクラスの知識人たちは屈辱と憤懣を強く感じていたし、自分たちの国の情けなさを忘れることもできない。

　こうしたなかで彼らは屈辱感を払拭して心のバランスを保つためにはひたすら、文化的優越性を全面に打ち出してレベルの低い日本人に教えてやるとの姿勢を貫こうとしているが、しかし後述のように、彼らがこの日本で目にしたのはむしろ、朝鮮を圧倒するほどの文明度の高度さと経済の豊かさである。

　こうなると、通信使たちはその心の逃げ場を失ってますますの失落感に覆われて屈辱と憤懣が溜まっていく一方である。このような状況下で、彼らは心の平静を取り戻すためにできることはもはや一つしかない。それはすなわち、極端なへそ曲がりとなって相手の日本人に意地悪く当たったり、日本で目にした何もかもに対しても嘲笑的な態度で貶めたりすることである。

　それが具体的にどういうものなのかは、まさに次の章から詳しく記していくところであるが、徳川時代の二百年間、朝鮮が日本に送り続けた通信使というのは、まさにそういう意味での「日本コンプレックス」の塊であり、日本に対する意地悪のへそ曲がり集団以外の何ものでもない。「朝鮮通信使＝友好交流の使節」というのはただ、後世において作り上げられた嘘の虚像である。

第二章
朝鮮知識人の哀れな「精神的勝利法」

日本の豊かさと文明度の高さに圧倒された通信使たち

前章においてわれわれは、日朝関係史上の朝鮮通信使は事実上、日本に対する朝鮮王朝の朝貢使《ちようこうし》であることを色々と論証した。とにかく江戸初期の一六〇七年からの約二百年間、朝鮮は十二回にもわたって日本に朝貢使節を派遣してきて徳川将軍に拝礼した。宗主国の中国にだけでなく、日本に対しても朝鮮王朝は得意の事大外交を行ったわけである。

しかしその一方、朝鮮王朝は宗主国である中国に対する事大外交をまさに「事大」として認めるが、日本に対しては「事大」していることをどうしても認めたくはない。日本に派遣する通信使が実は朝貢使節であることを、死んでも認めたくないのである。

認めたくない理由は簡単である。要するに朝鮮王朝はずっと、朝鮮こそが文明世界の頂点に立つ本場の中華に次ぐ「小中華」であるから、文明の秩序においては自分たちは日本よりはるかに上位に立っている、と思っているからである。もちろんそれは単なる彼ら自身の妄想であるのに過ぎないが、日本を上から見下ろすことは彼らのプライドの根源となっているから、日本に朝貢している現実にはどうしても直視することができない。

そのために朝鮮王朝はいわば朝鮮版の精神的勝利法を用いて、日本に対する事大外交を「仁者」による「事小」として解釈し直す一方、日本に送る通信使（すなわち朝貢使）を、「野蛮国」に文化と文明を教えるための「文化使節」であると偽った。このよう姑息な自己欺瞞によって朝鮮王朝は、屈辱の対日事大外交と対日朝貢から自分たちの目をそらして、王朝としての体面とプライドをかろうじて保つことができた。

しかしその中では、実際に通信使として派遣されて日本にやってきた朝鮮一流の知識人たちは大変難しい立場に立たされた。彼らは、通信使として自分たちの担う使命はまさに屈辱の朝貢であることを知りながら、「小中華」と自認する王朝のメンツと自分たちのプライドを守るためには常に上目線から日本を見下ろすような姿勢を貫かなければならない。徳川将軍に平身低頭して幕府の意向にいつも翻弄《ほんろう》されながらも、「文化を教えてやるぞ」との傲慢な態度をどこまでも堅持しなければならない。このようなジレンマの中では彼らは、日本訪問中にはどうしても淡々たる平常心を保つことができない。どこまでもへそ曲がりになって意地悪の心理状態となってしまうのである。

このような心理状態は結局、「日本コンプレックス」から生まれた彼らの屈折した心の表れでもあるが、それをさらに増幅したのは、彼らが「野蛮の地」であるはずの日本で目にした、驚くべきほどの繁栄と豊かさ、そして文明度の高さである。

江戸時代の日本では、江戸という世界最大級の百万人消費都市と、「天下の台所」である商業都市の大坂を中心に全国的な流通システムが形成され、商品経済は繁栄を極めていた。そして江戸、京都、大坂を中心にして手工業が発達し、全国各地では諸藩による奨励政策のもとで地盤産業や特産農業が盛んになって豊かな物質文明を作り出した。もちろん、経済の繁栄に従って文化も高度に発達して学問が盛んになって芸術が繁栄し、識字率が当時の世界一と言われるほど民衆の知的水準が上昇し民度が高いレベルに達していた。

江戸末期に来日した外国人たちの「日本訪問記」を読んでいても、彼らは一概に、日本の経済的豊かさと文化の繁栄、民度の高さに驚いている様子であることがよく分かる。それは、同じ時期に朝鮮を訪問した外国人たちの記した、貧困と停滞と暗さを特徴とする朝鮮半島の風景とは鮮明な対比をなしている。

このような朝鮮半島から日本にやってきた朝鮮知識人の通信使たちも当然、日本で見た光景と自国の実情との大いなる落差に驚愕するばかりである。二百年間にわたる十二回の通信使派遣において、正使・副使からなる三使臣と文筆家の多い製述官・書記などが数多くの「日本訪問記」を書き残しているが、その中では彼らは一概に、大坂や京都、そして江戸などで見た日本の繁栄と豊かさに驚嘆して、日本の文明度の高さに圧倒されていたのである。

例えば一六〇七年の第一回目の通信使来訪の時、使節団一行は釜山から出航して瀬戸内海の船旅を続けたあとに大坂で上陸したが、使節団の随行員の一人は自分の目でみた大坂の街風景を次のように記している。

「海水は襟や帯のように取り巻き、湖と浦とがまわりをめぐらし、城郭が重なり楼閣が層をなし、青い瓦と白い城壁が雲樹の間に隠映する。板橋が川に横たわり、高さが三丈ほど、その下を舟行した。橋を過ぎて上陸すると、役員の騎馬が無慮数百頭も、みんな鞍をつけて待っていた。轎《かご》に乗っていくこと四、五里、民家や官庁の建物が四方を取り込み、街路と墻壁《しょうへき》とがつらなって各方面に通じている。男女老少が争って遠近から集まって町に満ち溢《あふ》れ、その喧噪《けんそう》は天をも突く」(姜在彦著・前掲書より引用)

朝鮮通信使が書き残したこの「大坂印象記」を読めば、当時の大坂の賑やかぶりが目に浮かんでくるが、当時の朝鮮王朝の首都であるソウル（漢城）は、王宮から一歩を出れば茅葺《かやぶき》の貧相な民家が連なるような風景と比べれば、ここで描かれた大坂の町並みはまさに次元の違った別世界だったのであろう。上述の「大坂印象記」を紹介した現代人の姜在彦氏もここで、「大阪城を中心とした町の殷盛ぶりに、朝鮮使一行は目を見張った」と記している（姜在彦著・前掲書）。

前述の韓国・清州大学日文科教授の鄭章植氏はその著書の中でも、第一回目の通信使たちが大坂で見た風景と抱いた印象についてこう記している。

「（通信使）は大坂では都市として目を見張るばかりの絢爛《けんらん》たるたたずまいと、豪奢《ごうしゃ》なもてなしに惹《ひ》かれ、思わず賛辞をもらすほどに好感を抱いた。特に街の繁盛なことと、建造物の雄大さには驚きの連続であった」（鄭章植著・前掲書）

同じこの鄭章植氏が著書で紹介したところによると、第一回目の通信使が江戸に入った時に見た光景はこうである。

「店屋と人と物資は、比べるところがないほど雄壮で繁盛していた。宿場の本端寺は豪奢を極め、柱には黄金が塗られ、器までが金銀で飾られ豪華なことは旅の中での圧巻であった」（鄭章植著・前掲書）

以上は、第一回目の通信使来日の時に、使節や随行員たちが書き残した「大坂印象記」、「江戸印象記」のいくつかの断片である。それらの断片的な描写からは大坂や江戸の繁栄が通信使たちに与えた衝撃の大きさと印象の深さが伺えるのであろう。

一六二四年に将軍家光の襲職を祝賀するために第三回目の通信使が来日した時、別の朝鮮知識人はまた、より詳しい「大坂印象記」や「江戸印象記」を書き残した。

それは、第三回目通信使節団の副使を務めた姜弘重という人である。彼は帰国後、自分の日本印象記をまとめて『東槎録《とうさろく》』という書物を刊行したが、その中で姜弘重は、自分が大坂や京都、そして江戸で見聞したことを詳しく書き残しているのである。

二人の通信使が目を見張った日本の絢爛と華麗

『東槎録』の原本は日本で刊行されていないので筆者の手元にはないが、花園大学名誉教授だった姜在彦氏は著書の『朝鮮通信使がみた日本』(明石書店)のなかで、通信使の姜弘重が『東槎録』の中で大坂や京都、そして江戸について書いた印象記を時間列で紹介している。ここではいわば孫引きの形で、それを本書の読者に再紹介しよう。

まずは姜弘重の描いた大坂はこうである。

「西に大市街を過ぎたが、街路が往々にして横に分かれ、みんな井の字の形で方々正々、四方に通達していた。貨物が山積みされ、百物が備わっていた。民家は六〇戸をもって町となし、町毎に一つの里門を置いて、夜は錠をかけて守った(中略)。

商家ではそれぞれ扱う商品を分かり易くぶら下げていた。言語と衣服は中国や朝鮮と同じではないが、飲食や売買は中国にならったものが多かった。

見物する男女が左右に満ち、寂としてさわぐ者がいない。子どもたちでさえ、みんなひざまずいて見物し、敢えて年長者の前をふさぐ者はなかった。平常の法令の厳しさを知ることができる」（姜在彦著・前掲書より引用）

以上は、通信使節団副使の姜弘重の見た大坂であるが、物資が豊富で商業が発達し、整然とした町並みの大坂はまさに彼の見た通りである。大坂夏の陣からわずか九年後、街はすでにここまで復興してきているのである。

上述の記述の中の、「飲食や売買は中国にならったものが多かった」という姜弘重のコメントも実に面白い。江戸時代になると、日本人の「飲食」や「売買」はむしろ中国のそれと大いに違った日本特色のものとなっていたとは思うが、姜弘重のこの表現はむしろ、朝鮮知識人一流の「最大級の褒め言葉」だと理解すべきであろう。彼ら朝鮮知識人の意識においては中国こそが文化と文明の中心であって最高峰であるから、「中国にならったものが多かった」というのは確実に、姜弘重が日本人の「飲食」と「売買」に与えた最高級の評価であろう。

大坂を後にして姜弘重一行が京都にたどり着いた。彼の見た京都はこういう光景である。

「東寺から大徳寺に至る二十里は、商街の中を通過した。人家の稠密、市貨の豊富、男女の混雑が大坂の十倍ほどであった。街路は方正で井の字の如く、まっすぐな街路を町といい、横の街路を通といい、町と通とが交錯して、そのいくばくかは知れない」（姜在彦著・前掲書より引用）

京都に滞在した後、一行は東海道に沿って近江に入って大津、守山へと旅を続けたが、琵琶湖畔を歩いていると、姜弘重の眼前に広がったのは豊かな農村地域ののどかな田園風景である。

「湖水は鏡の如く、一望して果てしなく、扁舟が点々として帆影がちらほらしている。湖岸に沿っていくこと数十里、草津村、瀬田橋を過ぎ、目のとどく限りの水田で、湖水を引いて灌漑しており、土質がはなはだ肥沃であった」（姜在彦著・前掲書より引用）

一行はひたすら東海道を歩き江戸を目指していった。釜山から出発して七十日あまり、目的地の江戸にやってたどり着いた。姜弘重が江戸でみた光景はこうである。

「昼食後正使以下正官に至るまで、冠帯を整えて行進した。品川から本誓寺までは三十余里（日本里で三里余り）。見物する男女が道の左右に満ち、禁盗将官が竹杖をもって赤い絨毯《じゅうたん》を敷き、街路を挟んで坐った者が二十里余りも連なり、箒をもって掃除する者が列をつくって左右に坐り、馬糞の一つも路上にないようにしていた。民家はきわめて盛んで店舗も物が豊富、地勢は平坦で一面が海に臨み、日本の都市のなかでも形勝の地である」（姜在彦著・前掲書より引用）

以上は姜弘重の見た「江戸風景」であるが、一行の日本訪問のハイライトは当然、「朝貢の礼」を行うために江戸城に登って将軍に謁見する場面である。そこで姜弘重は、まさに驚きをもって江戸城内を見上げていた。江戸城について彼がこう記している。

「新将軍の邸宅から城内を一巡して東に行くこと幾十里余り、内城の周囲もまた五里はくだらなかった。

築城の石はみな大石をもってし、その勢いにしたがって積みあげ、面を削っているのが神業のように巧妙であった。内に高楼傑閣が起ち、将軍はその中にいる。別に五層の飛ぶような楼閣が中央に起ち、見張りをして守備するところで、天守台といった。金色の甍《いらか》と白い壁が濠の水にその影を落とし、光彩が人を照して心魂を眩乱する」（姜在彦著・前掲書より引用）

以上は、第三回目の朝鮮通信使が来日した時、その副使を務める姜弘重がこの目でみた大坂と京都、江戸の街並みと、近江の田園風景や江戸城の雄姿である。

大坂夏の陣から再建されたばかりの大坂の整然とした街並み、京都で見た「人家の稠密、市貨の豊富」、江戸で目撃した「民家はきわめて盛んで店舗も物が豊富」の町風景、そして「光彩が人を照らして心魂を眩乱する」という江戸城の絢爛ぶりなどは、この朝鮮一流の知識人に日本の繁栄と豊かさと、文明度の高さを見せつけ、彼に深い印象を与えたのであろう。

おそらく、漢文で書いたはずの姜弘重の日本紀行の原文を読んでいると、彼が受けた衝撃と感銘の大きさは、より一層の臨場感をもって伝わってくるであろう。江戸城に対する印象を述べるときに最後に使った「光彩が人を照して心魂を眩乱する」という表現は、江戸城に対してだけでなく、むしろ日本全体に対する彼の印象を表すのにもっともふさわしい言葉であろう。彼は確実に、日本の繁栄と豊かさと絢爛多彩に目を見張ったのである。

姜弘重は『東槎録』の最後の部分、日本全体に対する自分の印象について、「(いたるところで)市場には物資が山のように積まれており、村里の間には穀物が広げられており、その百姓の富裕なことと物資の豊富なことは、わが国と比較にならなかった」(鄭章植著・前掲書より引用)と綴っているが、それはまさに、彼の日本見聞記の圧巻となる記述であろう。

一六八二年に第七回目の通信使が来日したとき、使節団の通訳官を務めた洪禹載《ホンウジエ》という人も日本見聞を一冊の書物にまとめて刊行したが、それはどう言うわけか姜弘重の著作と同じ書名の『東槎録』である。

そのなかでは洪禹載は、対馬についた瞬間からはすでに自分の見聞から大きな感銘を受け、そして大坂と京都と江戸の三都で見た風景に絶賛を捧げた。

洪禹載らが来日した一六八二年は、江戸時代の文化盛期である元禄期が始まる直前のことであるから、日本の「辺境地」の対馬でさえ、その経済と文化の繁栄度は、通訳官の洪禹載を驚かせるのには十分であった。

彼は自分が対馬の府中で見た風景を次のように書き残している。

「白塗りの壁が輝き、市場は賑わしく、竹の垣根がその華麗なことは比ぶべくもなかった」（鄭章植著・前掲書より引用）

「華麗なる家は層をなして梯子を積んで置き、すべての品物が奇異で巧妙であり、刻まれた壁と薄絹の窓、そして絵を描いた軸等が奇怪であり、兵器が雄壮であり軍士の威容が厳粛であった。……およそすべての文物が奢侈で美しくない物がなかった」（鄭章植著・前掲書より引用）

以上は、洪禹載が辺境地であるはずの対馬の府中でみた日本の「贅侈」と「華麗」であるが、彼の筆下の大坂、京都、そして江戸となると、それはなおさらのことである。

例えば彼は大阪の町風景をこう描いた。

「出迎えるごとく高さが揃った各家の軒が続いて一里にもなっており、すべての物が繁華であり人の目をかすませた。地は広く人は多く城楼と海関は険しく堅固で一国第一の名勝地と言うべきである」（鄭章植著・前掲書より引用）

そして彼の筆下の京都はこうなるのである。

「本国寺で旅装を解いた。寺舎は素晴らしく広大で、一万人も収容できるほどで、仏殿も華麗で木閣が翡翠色であった。五層の高い楼台から京都を見下ろすと、沃野が千里にも及んでおり、幽邃《ゆうすい》な景色がさまざまであった」（鄭章植著・前掲書より引用）

最後、通信使の旅の最終目的地である江戸について、洪禹載はこう書いているのである。

「村の家等が相当に多く、すべての物が繁華であり、左右の店屋に品物等が山のように積まれていて、長い商店街には簾を垂らして雲のような絹織物が照り映えていた」（鄭章

植著・前掲書より引用）

以上は、第七回目の通信使が訪日したとき、使節団の通訳官である洪禹載が書き残した日本各地での見聞であるが、その一連の描写からは、日本の経済の繁栄、文化の豊かさが彼に与えた感銘の大きさが伺えるであろう。

洪禹載の日本見聞記を紹介した現代の韓国人学者の鄭章植は、これについてこう述べている。

「洪禹載もやはり、三都の豊饒と繁盛ぶりに感嘆した。彼は、祖父や伯父から使行の話を聞いて、日本の繁栄ぶりをすでに知っていたので、自分の目で確認するのに余念がなかった」（鄭章植著・前掲書）

日本の技術に感心し本国に持ち帰る通信使

朝鮮からの通信使たちが感心したのは日本の豊穣や繁栄だけではない。時には彼らは、日本で普通に応用されている生産技術や日常的に使われている生活用品を見て驚いて大変関心を持つのである。

例えば、日本で普通に使われている蚊帳《かや》でさえ、彼らの感心する対象となったことがある。

これに関して、鄭章植著・前掲書はこう記している。

「（通信使が）対馬で、もてなしの席上に出された金と玉で飾られた器と清潔な飲食を見て、『蛮地』の豪華さに目を見張った。このときは、折しも梅雨で島主が使臣に蚊帳三十枚を送ったが、これがまた珍しかったようで『倭人の奇計』で夜はぐっすりと眠ることができたといい、蚊帳を褒め称えた。

その後、約百余年が過ぎた一七六四年の使行の際にも、将軍が蚊帳百余枚を贈り物として送ったと特記しているのを見ると、蚊帳は『倭人の奇計』で作った便利なもので、朝鮮では当時蚊帳がなかったようである」

筆者の私は鄭章植著・前掲書のこの行を読んだ時は思わず笑ってしまった。「小中華の文明国」と自任する当時の朝鮮には蚊帳すらなかったのではないか。そして通信使が日本にやってきてこの蚊帳という「文明の利器」を見て、「倭人の奇計」でぐっすりと眠ることができたと感嘆する行は、実に面白いエピソードである。言って見れば江戸の日本人は、蚊帳という普通の生活用具の一つを持って、日本の生活文明の豊かさを朝鮮人に見せつけたわけである。

蚊帳を珍しがる通信使がいれば、農作業に使われている水車を日本で初めて見てすごく感心した通信使もいる。

それは、本書の第一章にも登場した、第十一回目通信使節団の正使を務めた趙曮《チョオム》のことであるが、彼は後に刊行した『海槎日記』において、江戸へ行く途中の「淀浦」という場所で水車と出会ったことを次のように記している。

「淀浦を望見すると、青い湖が四方を囲み、白雉が湖面に浮び、樹林が蔚然として、楼台が隠映する。城外に水車が二台あり、形が糸繰り車のようであった。波に従って自転しながら水を汲んで桶に注ぎ、城中に給水している。見ると甚だ奇怪なので、別破陣許圭と、都訓導卞璞にその製法をくわしく観察するように命じた。この制作をわが国に移

すことができれば、灌田に有利になるだろう」（姜在彦著・前掲書より引用）

趙曮はのちに、水車の製作法を朝鮮に実際に導入したかどうかはよく分からないが、彼はこの日本の旅で行ったもう一つの大発見はすなわち、対馬でサツマイモをの存在を知ったことである。

これについて、趙曮は『海槎日記』で次のように書いている。

「島に食べられる草根があって、名づけて甘藷あるいは孝子麻という。日本語では古貴《コキ》為麻《イマ》である。形はあるいは山薬《ながいも》の如く、あるいは菁根（大根）の如く、瓜や芋の如く、その形は一様ではない。その葉は山薬の葉に似ているがそれよりもやや大きくて厚く、かすかに赤色を帯びている。その蔓は山薬の蔓よりも大きく、その味は山薬に比べて堅くて粘り気があり、半焼きの栗の味に似ている。生で食べても、焼いて食べても、煮て食べてもよい。

穀物と混ぜて粥にもなり、掻き混ぜて正果にもなり、あるいは餅を作ったり、飯に混ぜたりして、できないことはない。救荒の好材料というべきである。聞くところでは南京から日本に流入して日本の陸地や諸島に広まり、対馬島がもっと盛んだという……。

昨年の初め佐須奈で甘藷を数斗求めて釜山に送って種をとらせたが、帰路のいま、またこれを求めて東萊府の校吏たちに授けたい。一行中の諸人もこれを得た者があるが、この物がよく成長してわが国に普及すれば、文益漸が綿を伝えたように、どうして東国（朝鮮）の民を大いに助けるようにならないだろうか。東萊の種の蔓がよく蔓延すれば、済州島やその他の島に移植して栽培した方がよろしかろう」（姜在彦著・前掲書より引用）

以上のように、朝鮮一流の知識人である通信使たちは、日本にやってきては蚊帳という「倭人の奇計」に感心したり、水車やサツマイモを見て好奇心が湧いたりしていたが、彼らにとっての日本の旅は結局、徳川将軍に対する「朝貢の旅」であると同時に、文明と文化の先進国である日本から多くのものを学ぶ「学習の旅」でもあったようである。

しかしそれでは、自国のことを「小中華」だと自任する朝鮮の知識人たちはプライドもメンツも保つことができない。技術レベルの高さも含めて、日本の文明度の高さと経済と文化の繁栄ぶりに圧倒された彼らは、何とかして自分たちの心のバランスを保とうと必死になるのだが、その時に彼らが用いる最後の手段はすなわち、自分たちの文化的優越性を誇張しながら、偏見に基づく粗探しのようなやり方で日本のことを徹底的に貶めることである。

中国人学者も見抜いた、朝鮮通信使の偏屈心

日本の繁栄ぶりと文明度の高さに圧倒されながらも、何とかして精神的優越性を保とうとする朝鮮知識人の哀れな心を見抜いたのは、実は中国人の学者である。

私の手元には、中国で刊行された一冊の朝鮮通信使研究の専門書がある。二〇一八年に中国の人民出版社から刊行された『朝鮮通信使眼中の日本イメージ（中国語原文書名は「朝鮮通信使眼中的日本形象」）』である。著者の徐日東教授は現在、延辺大学朝鮮半島研究院比較文学研究所所長を務めており、中国国内著名な朝鮮半島研究者である。

徐教授は上述の著書では、朝鮮通信使は日本のことをどう見ているのかを確実な資料に基づいてさまざまな角度から考察している。その中で彼は、通信使たちが日本の繁栄と文明度の高さを目にした時の複雑な心境について次のように記述している。

「朝鮮通信使は日本の繁栄を目撃した時、心の中では朱子学の礼の秩序の視点から、（秩序の下端にある野蛮国）日本の繁栄と進歩の度合いを認めたくはない。しかし目の前の事実を完全に否定することもできない。そこから、彼らの巨大なる心理的落差が生じてくるのである。

通信使たちの多くは、日本の都市の雄麗さと市場の繁栄さや品々の豊富さに目を見張ったと同時に、お天道様はどうしてこんな蛮夷の国を優遇するのかと言って憤懣の念を抑えきれない。日本に対する彼らの嫉妬がそこから生まれて、嫉妬はやがて攻撃性を生み、通信使たちの日本に対する攻撃に転じていくのである」（徐日東著『朝鮮通信使眼中の日本イメージ』人民出版社）

さすがに元宗主国の中国の学者、冷徹な観察で朝鮮知識人の心の底を見抜いている。実はこの中国人の学者だけでなく、朝鮮人出身の学者である前述の鄭章植の筆下においても、日本に対してこのような偏屈した心を持つ朝鮮知識人が多く見られる。その一例としては、通信使の一員だった南龍翼《ナムヨンイク》という人物を挙げてみよう。

南龍翼は、朝鮮では科挙の文科の甲科試験において首席で合格した一流の知識人で、一六四三年に将軍家光の世継誕生祝賀に派遣された第五回目の通信使節団で従事官として来日した人物である。この彼は日本での訪問日記を『扶桑録』にまとめて刊行したが、彼の日本観と日本での見聞などがその中で色々と記述されている。

通信使節団の重要なる一員として、南龍翼は通信使の使命と位置付けをどう見ているかについて、鄭章植著・前掲書は次のように記している。

「南龍翼は、『倭乱』の旧怨を思い起こし、この使行は朝廷の意を実行する正道であって、日本に頼るのではないことを強調した。朝鮮は『胡乱』（清の侵入）に遭いながらも、南辺の不安を憂慮したのであって、日本の武力を借りるつもりなど寸毫もなかった。つまり、朝鮮が日本に通信使を送るのは、『我が国王がどうして会稽の恥（被侵の恥辱）を忘れられようか。倭人を羈縻するには訳がある』と、野生馬のような『蛮夷』に面繋《おもがい》を掛け跳梁跋扈しないようにする方便だと本音を明かした。これから使臣が日本に掛ける手綱の一つだと思うのが、「ひざまずきて御筆を奉持して見るに霊山法界崇孝浄院との文字だ、銀鉤《ぎんこう》の如き名筆が扶桑に輝けば、蛮夷もまたまさに敬うべし」といい、朝鮮が文化の恵みを施し、日本を教化すれば、いつかは日本も朝鮮を恭敬するであろうと期待をかけた。このように南龍翼も日本を中華に狼藉《ろうぜき》を働いた夷にたとえ、朝鮮が日本を羈縻する計策を、中国古代殷の湯王の夷に対する教化政策にたとえながら、いまや胡虜（清）の侵略で危機に瀕した中華文明を継承する国は朝鮮だとほのめかした」（鄭章植著・前掲書）

以上は、現代の韓国人学者である鄭章植氏によって紹介された、朝鮮通信使節団の一員である南龍翼の示した通信使派遣の目的に対する認識であるが、その中で南龍翼はまず、通信使の派遣は清朝の朝鮮に対する侵攻とは関連性のあることを示唆した。「朝鮮は『胡乱』（清の侵入）に遭いながらも、南辺の不安を憂慮した」云々とはまさにその意味である。それは、本書の第一章の分析とも合致しているところであるが、その一方南龍翼は、「日本に頼るのではない、日本の武力を借りるつもりはない」ことをことさらに強調して、朝鮮王朝のプライドを守るために、日本に頼っている事実を必死になって取り消そうとしているのである。

そして案の定、彼はここではやはり、「羈縻《きび》」という言葉を持ち出して、日本への通信使派遣は文明的上位国の「蛮夷」に対する教化政策だと解釈した。

世界大百科事典第2版の解説によると、いわゆる「羈縻」云々とは、中国歴代の王朝が周辺民族に対してとった「羈縻政策」のことを指している。語源的に言えば羈縻の「羈」が馬の手綱，「縻」が牛の鼻綱のことで，そこからつなぎとめる意味に転じたという。文明の中心国が周辺の「蛮夷民族」を手綱や鼻綱で馬や牛をつなぎとめるように懐柔して支配下におくのは、まさにこの「羈縻」という言葉の意味合いである。

朝鮮知識人の南龍翼はここで、朝鮮を文化的中心国だと自認した上で、日本のことを牛や馬のような「蛮夷国」だと見なし、朝鮮による「羈縻」の対象にしているのである。したがって彼から見た朝鮮通信使の使命とはまさに、朝鮮王朝の「正道」にしたがって、日本を「羈縻」し「教育感化」するために日本にやってきた、ということである。

しかしどう考えてみても、南龍翼の示したこの認識は、現実の中にある日本と朝鮮の立場と、現実にある通信使の実態とは正反対であろう。

朝鮮は文明的上位国として日本を「羈縻」しているわけでは全くない。そんなことはできるはずもない。朝鮮はただ、日本に平身低頭して朝貢使としての通信使を大人しく派遣してくるだけの国である。朝鮮は文化的中心国として日本を「教化」しているわけでもない。水車もサツマイモも日本から導入しなければならない朝鮮は、一体どうやって日本を「教化」すのであろう。

そして、このことを何よりも知っているのはまさに南龍翼ら通信使である。毎回の朝貢の旅では、彼らは徳川将軍に向かって朝貢の拝礼以上の四度半の礼をしなければならないし、幕府からの朝貢使扱いに甘んじる以外にない。南龍翼本人に至っては、彼が従事官を務めた通信使節団の任務は日本の将軍家の世継誕生への祝意表明であることは周知の事実であり、彼らの一行もまた、家光の命によって不本意の東照宮参詣を余儀なくされた。

つまり南龍翼は、自分たち通信使のやっていることが屈辱の朝貢であることを身を以て知りながら、「羈縻」だの「教化」だのの上目線の言葉を持ち出して自分たちの惨めな立場を粉飾する以外にないのである。それこそは阿Q流の精神的勝利法の朝鮮版そのものであるが、こういう立場に立たされた朝鮮知識人の哀れさと苦しさは、痛いほど分かってくるであろう。

こうした哀れさと苦しさの中で、通信使として来日した多くの朝鮮知識人の場合と同様に、南龍翼のとった心の自己防衛策の一つはすなわち、自分たちの得意する儒学や詩文を鼻にかけて、日本人を徹底的に馬鹿にすることである。

例えば南龍翼の日本人に対する酷評について、鄭章植著・前掲書はこう記している。

「『人物』においては、（南龍翼からすれば日本が）海外の無識な土地なので、これと言える人物もまったくないが、例外的に目につく者がいると、古来の文士二十人、武将十九人、現存の老中を評価しているが、やはり人物についても酷評に近い。当時の日本文界の第一人者と言われる林羅山を、『詩は格調がまったくなく、文も蹊径《けいけい》に疎く』と記したように、もっぱら儒学と詩文が人物を評する尺度になった」

「（南龍翼が）帰国後に書いた使行録には、日本の儒学を指導する立場で忠告し、日本の詩文が稚拙だと評し、日本の学問をそしるのが常であった」（鄭章植著・前掲書）

鄭章植著・前掲書はまた、南龍翼が日本の詩文と学問を識るために書いた下記の文章をも紹介している。

「いわゆる行文はすこぶる優れているが、いまだに文の道に疎く、詩はもっとひどく無理をして飾った言葉が多い。写字はでたらめで、皆『洪武正韻』を学んだもので、字体がもろく歪み、態をなしていない」(鄭章植著・前掲書より引用)。

とにかく南龍翼からみれば、「海外の無識の地」の日本人は文の道に疎く、詩が下手で字も態をなしていない、と言うわけである。しかしそれはどう考えても、彼の自身の主観的な偏見でしかない。今、われわれが目にすることのできる江戸時代の日本知識人の詩や文、そして彼らの残した書道は、一概にレベルの高いものであることはよく分かる。その時代の日本人の知的水準は朝鮮知識人に勝ることがあっても劣ることのない。二〇一七年に刊行された拙著の『なぜ中韓はいつまでも日本のようになれないのか』(KADOKAWA)を一読すればこの歴史の事実は一目瞭然である。

しかしこのような事実は南龍翼には関係がない。日本人の知的レベルがどれほど高いものであろうと、彼はそれを貶めるしかない。せめて詩文と学問の分野で日本人を貶めておかないと、南龍翼はささやかな精神的勝利も得られないからである。

南龍翼は、日本を貶めるためによく使うもう一つの手法、すなわち、日本人の風俗や習慣を朝鮮のそれを基準にして批判し嘲笑している。

これについて鄭章植著・前掲書はこう述べている。

「使臣（南龍翼）は以前から日本の異質な風俗を夷狄視する傾向があった。ここでも、日本に儒教的な秩序のなさを『平義成（対馬藩主宗義成）の子息である義真は、その父と同じ列に立って、同じ席に一緒に座った』と嘆いた」

「南龍翼は日本で文化の同質性を見つけると、それを日本文化の特性として理解しようともせずに、ただちに夷狄視する傾向を見せた」（鄭章植著・前掲書より引用）

以上ここまでは、第五回目の通信使節団の一員であった南龍翼を実例にして、日本にやってきた通信使たちは、目にした日本の驚くほどの繁栄と豊かさと文明度の高さに圧倒されながらも、自分たちのプライドを守るために必死になって日本のことを貶めようとする、その哀れな姿の一端を見た。

勿論それは、何も南龍翼に限定された話ではない。むしろ十二回にわたって日本にやってきた朝鮮通信使たちに共通したことである。通信使としての自分たちの立場が惨めな朝貢使であることを知りながら、というよりも知っているからこそ、彼らは余計にムキになって日本のことを貶め嘲笑い、もって自らの屈辱感を取り消そうとしているのである。自らの見聞した日本の繁栄と文明度の高さが目の前の事実であると知りながら、というよりも知ってしまったからこそ、彼らは余計に腹が立って日本のあら探しに必死になって日本を貶めるのに余念がなかった。

挙げ句の果てには、とにかく日本の何もかもにつき否定的、懐疑的、嘲笑的な態度を取ってしまい、日本の何事に対しても痛罵と蔑みの言葉を浴びせるのである。

朝鮮通信使たちによる、自らの偏屈した心から発したところの、日本痛罵と日本貶めのオンパレードは、その実態と性格は一体どういうものなのか。それはどこまで哀れにして出鱈目なものなのか。以下では、それをさまざまな角度から考察していくことにしよう。

日本の衣服制度も儀式のスタイルも「蛮夷の風俗」

とにかく日本の何もかもを貶めの対象にする通信使たちの悪習を示す一例を、まずここであげてみよう。

徳川幕府の「大坂平定」を祝うために第二回の通信使が一六一七年に派遣された時、使節団の従事官として来日した李景稷《イキョンジク》という人がいる。彼はのちに、自らの日本見聞記を『扶桑録』という書物にまとめて世に出した。

書中では李景稷は、伏見城に上がって将軍秀忠に拝謁した時の様子を詳しく記しているが、その中にこういう記述があった。

「応接の礼は極めてうやうやしく慎み深くあったが、蛮夷の風俗はもともと礼をわきまえぬので、衣服の制度、進退や昇降する順序が様にならず、ただまっすぐに互いに見るのは、腰にある一振りの刀だけであった。秀忠の傍らには、一人のかしすぐ人もいないが、それは厳かに敬うためでなく、実は猜疑心によるものであり、蛮夷の風俗とは取るに足らぬものである」（鄭章植著・前掲書より引用）

以上は、朝鮮知識人の李景稷が、伏見城での将軍拝謁儀式を「夷蛮の風俗」だと貶めた一節であるが、それはどう読んでいても、実に可笑しいな文章である。

彼はまず、儀式全体について「応接の礼は極めてうやうやしく慎み深くあった」と認めた。しかしそう認めておきながらもそこから一転して、「蛮夷の風俗はもともと礼をわきまえぬ」と貶し始めた。そして、「蛮夷の風俗」のどこかが「礼をわきまえぬ」であるかについて、彼が取り上げたのは「衣服の制度、進退や昇降する順序が様にならず」である。

しかしよく考えてみれば、このような酷評はあまりにも独善的なものである。何らかの儀式が行われる場合、「衣服の制度」にしても「進退や昇降する順序」にしても、それぞれの民族や国にはその独自の「様式」があって、異国間の様式が違ってくるのは当たり前のことである。李景稷が伏見城での儀式の日本流の様式を見て「様にならず」と評したが、それは明らかに、朝鮮の「衣服制度」や「進退や昇降の順序」を基準にして、つまり朝鮮の様式を基準にして日本のそれを貶している。しかしそんなのは当然、何の意味のない偏見でしかない。

国と民族の伝統の違いによって、衣服制度や礼儀の様式が違うのは当然のことであって、「違い」をもって相手のものを「様にならない」と貶めるのには何の正当性もない。しかも彼の場合、儀式全体が「極めてうやうやしく慎み深くあった」と認識しておきながら、細部の違いを捉まえて「蛮夷の風俗が様にならない」と酷評するのは意図的な貶め以外の何ものでもない。とにかく何もかもにつき、日本のことを「蛮夷」と蔑まないと気が済まないのである。

上述の文章の中で李景稷はさらに、将軍秀忠の傍らにかしすぐ人がいないことに注目して、「それは厳かに敬うためでなく、実は猜疑心によるものであり」と評した。彼の言いたいことは要するに、将軍は周りの人々に対して猜疑心を持ってするから誰も自分の側に仕えさせない、ということであろう。もちろんそれは単なる彼の邪推でしかない。毎日大奥の中で暮らす将軍は、周りの人を猜疑して誰も近寄らせないなら、普通に生活することすらできない。将軍の城である伏見城の中で、将軍が周りの側近たちを一々警戒しなければならないようなことはあるはずもない。常識から考えればすぐにわかることである。

しかし一般的な常識はどうやら、朝鮮一流の知識人である李景稷に通用しない。彼は結局、馬鹿馬鹿しい邪推をもって将軍の傍らに仕える人がいないことを勝手に解釈して、「蛮夷の風俗とは取るに足らぬものである」との結論に達した。そんなのはどう考えても、単なるこじつけによる貶め以外の何ものでもない。彼ら朝鮮通信使はとにかく、日本のことを貶めたいから、何もかも貶めてしまうのである。

もちろん、李景稷が日本のことをどうしても貶めたい理由はまったく分からないでもない。伏見城に上がって日本の徳川将軍に朝貢の礼を行うことは彼らにとっての正真正銘の屈辱である。そして前章で詳しく記したように、李景稷が従事官として随行した第二回目の通信使節団はそもそも、「大坂平定」後の徳川幕府が公家や諸大名に対する示威の手段としてわざと伏見城に呼んできたものだから、通信使たちの屈辱感はなおさらのことであろう。だからこそ李景稷は何としても、伏見城での将軍拝謁儀式を「蛮夷の風俗」として貶めておかないといけない。そうすることによって、自分たちの味わった屈辱感を少しでも払拭したいのであろう。

上述の文章において、李景稷は朝鮮の様式を基準にして日本の衣服制度や儀式の順序などを酷評し「蛮夷の風俗」だと貶めたが、もちろんそれは李景稷に限られたことではなく、通信使たちの共通した傾向の一つである。

これについて、現代の韓国人学者である鄭章植氏は前掲書でこう記している。

「(通信使は)日本の知識人との漢詩唱和で朝鮮詩文を誇示し、中華文明圏の中で相互の同質性を確かめ合うことに多くの関心が払われた。使臣は同質性を確かめ合えば安堵感に浸り、中華文明圏の中で日本を認めたものの、ときたま少しでも異質性を見出したときは、それを日本文化の特性であると理解して、好奇心にかられるよりは、むしろすぐさま『蛮夷』と端的にいやしめる安易な態度で一貫した」（鄭章植著・前掲書）

日本の文化や風俗と朝鮮のそれとの違いを単なる「違い」として認識するのではなく、むしろ日本が「蛮夷」であることの証拠だと見なす。朝鮮通信使のこの態度は、日本の学問に対しても同じである。

一六四三年に第五回目の通信使が来日したときに使節団の副使を務めた趙絅《チョギョン》という人は、その日本訪問記の『東槎録』においてわざと日本儒学の代表的な人物である林羅山が自分に寄せた手紙を載せて日本の儒学を極力貶めたことはその一例である。鄭章植著・前掲書はこれについてこう記述している。

「副使趙絅が『東槎録』の初めに、林羅山の手紙二枚と自分の回答二枚を載せたのは、未熟な日本儒学の実態をうかがえる証として示し、自分の副使としての事務活動を誇示する参考資料を提示するためであったと見られる。ここでも使臣は、（中韓日）三国間の儒学水準の隔差を、絶対的な文化の差に増幅させている。両国間の儒学文化には異質な面もある一方、類似した点も多い。しかし、使臣は日本の儒学も程朱の学を高く崇尚するという共通点より、冠婚喪祭のような文化的な差異に注目し、日本の儒学を批判し、またこれでもって日本文化を測る尺度とした。このように両国間の文化を優劣関係で眺め、国の文化が持つ特質を無視する視線は、通信使が日本を見る一つの典型になり、このような典型がまた先例となった」(鄭章植著・前掲書)

このようにして、前述の李景稷にしても、この趙絅にしても、衣服制度から儒学の形に至るまで、朝鮮のものが、すなわち基準であってすなわち尺度であり、それとは合致しないものは全部、「未熟」なものとして「蛮夷の風俗」として切り捨ててしまう。朝鮮知識人の考え方はどれほど独善的なものであるかがこれでよく分かるが、彼らは結局、このような偏狭にして独善的な尺度を持って日本を貶める以外に、自分たちの崩壊寸前のプライドを保つ方法もないし、ささやかな精神的勝利を収めることもできない。実に哀れな人たちである。

通信使の日本口撃は自然風景にも及ぶ

日本のことに対する通信使たちの貶めや口撃は、時には自然風景にまで及ぶ。美しい風景でも、それが日本の風景であれば、とにかく貶めておくのである。

一六三六年、第四回の朝鮮通信使が来日した時、将軍家光の命により、通信使一行は日光へ行って東照宮参詣を余儀なくされたことは第一章の記述した通りである。通信使たちは当初、東照宮参詣に強く抵抗したが、結果的には幕府からの圧力に屈した形で日光へ行くこととなった。日光では東照宮の神橋を渡り陽明門から入って参拝を行った。

この参詣の旅は、彼ら通信使にとってはまさに不本意にして屈辱の旅であった。それでは、プライドだけが高い彼ら通信使は一体どうやって、参詣を強要されたそのうっぷんを晴らして自分たちの屈辱感を払拭するのか。

その時、彼らが用いた精神的勝利法の一つはすなわち、東照宮参詣を「参詣」とは言わずに、「日光遊覧」だと言い換えることである。自分たちは東照宮なんかいっさい参拝していない、ただ単に、日光へ行って観光したのだと、自分自身に言い聞かせたのである。

そして、自分たちのうっぷん晴らしのために彼らが使ったもう一つの方法はすなわち、「日光観光」で観た自然風景と、そこで見た日本の仏教文化を徹底的に貶《けな》すことである。

例えば、通信使節団の正使を務める任絖《イムグアン》は、その東照宮参詣後の日記で次のように書いている。

「大凡この山(日光ニ荒山)は、我が国の伽倻山《カヤサン》と形が似ているが、泉石は別に見るべきものがない。国内第一の名山もこのようであり、その他は推して知るべしである。日本の風俗で仏を崇敬することは、古今も同じで、関白は一国の君長として、その祖父を仏寺の後ろにある荒山の中に祀り少しも恥とせず、かえって隣国の三使臣に自慢しようとするが、その愚かさと知識のなさには、責むるに足らざるをものがあった」(鄭章植著・前掲書より引用)

ここで正使の任絖は日光の自然風景を貶めた後に、東照宮までを貶しの対象にした。仏教と神道の国である日本は、先祖を祀るそのやり方が朱子学を崇敬する儒教国家の朝鮮のそれと違うのは当然のことであるが、任絖はここでも朝鮮のスタイルを絶対的な基準にして、それと違った日本のスタイルを徹底的に馬鹿にしている。

しかしそんなことをして一体何の意味があるのか。いくら貶していても、彼ら自身が日光にやってきてこの「責むるにたらざる」東照宮を参拝した事実を取り消すことが出来ない。日光の風景を貶せば貶すほど、それを「遊覧」した自分たちの方が馬鹿に見えてくるし、東照宮を貶せば貶すほど、それを参詣した自分たちの方が阿呆らしく見えてくるのであろう。「見えてくる」というよりも、その時の彼らは、正真正銘の阿呆だったのである。

以上は、通信使節団正使の日光と東照宮にたいする鬱憤晴らしの貶しであるが、さらに驚いたことに、一緒に東照宮参詣をした使節団の副使と従事官も、正使とはほぼ同じ文言を使って同じことを書いているのである。

副使である金世濂《キムセリョム》の「日光紀行」はこう書いている。

「大凡この山は、我が国の伽倻山と形が似ているが、泉石に勝るものは別にない。国内第一の名山がこのようでは、その他は知るべし。日本の風俗で仏教を崇めること、古今も同じで、関白が財力を尽くして、奢侈を極めながら、かつて恥を知らず、遊覧を勧めて、むしろこれを誇るとは、何で過ちでなかろうか」(鄭章植著・前掲書より引用)

さらに従事官の黄㦿も、それと同じようなことを書いている。

「大凡この山は、我が国の伽倻山と形が似ているが、泉石はあまり見るべきものがない。国内第一の名山がこのようでは、その他は知るべし。日本の風俗が仏教を崇めること、古今も同じで、関白が財力を尽くして、奢侈を極めながら、又その祖父を仏寺の後ろに祀り、いまだに奇怪なことと知らず、隣国の使臣を請い、むしろ誇りとするに至っては、その愚かで無知なことは、責むるにも足りない」(鄭章植著・前掲書より引用)

副使と従事官の文章は前述の正使のそれと同様、とにかく朝鮮の山や朝鮮の風俗を基準にして二荒山の風景や東照宮の祀り方を貶して、「見るべきものがない」だの「愚かで無知」だの「恥知らず」だのと意地悪の言葉を並べて酷評していることが分かる。とにかく日本を貶すことだけは、この三使臣の共通した仕事となっている。

さらに奇妙なことに、日光と東照宮を酷評したこの三人の文章は、一部の表現を除いてほぼ同じものである。三人が各自で作った別々の文章は偶然にも同じものとなったとはとても思えないが、誰かが誰かをパクったかはよく分からない。どうやらその時から、「パクリ」はすでに朝鮮の古き良き伝統の一つとなっているようである。

日光ではないが、日本の自然風景の美しさを認めていながらも、やはり何らかの理屈を使ってそれを貶す通信使は大勢いる。例えば、一七六四年の第十一回目の通信使節団の正使として来日した趙曮もその一人である。

これについて、鄭章植著・前掲書はこう記述している。

「趙曮も日本の景色の中で見る価値のあるのは『(赤間関を)いい景観だと言える』とか、『(福禅寺は)景色がまた甚だ奇妙で至る処が名勝の地と言うべきである』と称えた。しかし、「(四月一日、望湖楼に登り)日本の名勝地は鞆浦・清見寺・望湖楼」であると称したが、このような名勝地が源平の土地に連なっているとは、天意のほどが計り知れなく、またもや長い溜め息をついている。景勝をうらやましがりながらも『源平の土地』つまり武士たちが勢力を争う『蛮夷の土地』であるためにこれを楽しみながら悠々自適に過

ごすことができないのを心痛し、嘆息したのである」(鄭章植著・前掲書)

その時に趙曮の発した感嘆の言葉はこうである。

「この赤間関は気勢がたとえ雄壮であっても、関防の地にすぎなくて、その景勝とよい趣の如きはどうしてあえて、我が双湖亭と比べられようか。たとえ誠に美しいと言っても、我が国土でなく将来どうして用いられようか」(鄭章植著・前掲書より引用)。

こうしてみると、この趙曮という正使もまた、日本に対するへそ曲がりの朝鮮知識人の一典型である。日本の美しい自然風景を目にしてそれが美しいと思っていても、日本に対する偏見とコンプレックスから、この自然風景の美しさを素直に堪能できない。

素直に堪能することができないから、彼は結局、何らかの屁理屈でも持ち出して日本の風景を貶めることとなったわけだが、趙曮はその時に持ち出したのは、自分が目にした日本の美しい風景は「源平の土地」、すなわち武士たちの争いの地の風景であるから、それを純粋に楽しめることができない、という理屈である。

しかし普通の人間の感覚からすれば、このような理屈はまさに屁理屈そのものであって、あまりにも馬鹿馬鹿しく思われる。朝鮮自身をふくめて世界各国では、武力による争いが歴史上になかった土地はどこにもない。趙曮の理屈でいくと、南極や北極を除いたこの世界中には「蛮夷の土地」でない土地はどこにもなく、純粋に楽しめるような自然風景はどこにもないのである。

朝鮮一流知識人の趙曮は、まさにこのような馬鹿馬鹿しい理屈をもって日本の自然風景にまで批判の目を向けたが、そんなのはもちろん、日本に対する彼らの偏屈した心持ちの現れでしかない。彼もまた、偏屈した心持ちから脱出できない、愚かな朝鮮知識人の一人である。

富士山も日本人の善意も全て、貶しの対象となる

自然風景といえば、日本の景観を代表するものの一つは富士山である。実は富士山にたいしても、趙曮はまた、朝鮮の山々と比べながらそれを極力貶めたのである。

鄭章植著・前掲書はこう書いている。

「（趙曮は）富士山を眺めると、期待はずれだったので、『ましてや白玉の如き金剛山一万二千峰の千態万状の奇異なる景色を、どうしてこの富士山に比べて論じられようか。これは我が国だとして私情を挟んで論じたものではない』と言い、自分が直接に見た金剛山とは比べものにならないと言った」（鄭章植著・前掲書）

趙曮はここで朝鮮の金剛山を持ち出して、それと比較しながら富士山を貶めている。今は北朝鮮にある金剛山は朝鮮の名山だと言われるが、筆者の私はこの目で見たことがない。さまざまな写真から見ると確かに雄大にして美しい。しかし、日本の富士山もまた、雄大にして美しい山である。近年、外国人観光客が大勢日本にやってきている中で、箱根などからの富士山眺望は超人気の観光コンテンツの一つとなっていることからしても、「富士山が美しい」というのは日本人だけではなく世界中の多くの人々の共通したイメージである。

しかし朝鮮人の趙曮だけはそうではない。富士山を眺めていては、それが美しいであるとは思いたくはないし、認めたくもない。だからわざと朝鮮の金剛山を対比に引き出して富士山を貶めるのである。もちろん彼の言う「金剛山一万二千峰の千態万状」はまた、中華世界伝統の「白髪三千丈」であろうが、誇張された金剛山の「千態万状」をもって富士山の雄大さや美しさを否定するというのは、例の阿Qの精神的勝利法の一つの変種であろう。

趙曮一行の旅は富士山をすぎて、三島を通過したとき、趙曮は「過三島（三島を過ぎる）」というタイトルの漢詩を詠んだ。これは次のものである（鄭章植著・前掲書より引用）。

昔から三島には神仙が住むと聞く（昔聞三島是仙居）
今私が来て見るに礼賛しすぎではないか（今我来観覺浪譽）
箱根に雲なく龍は海に移り（箱澤無雲龍徙海）
富士山は雪に埋もれ鶴は虚空を飛ぶ（富山封雪鶴乗虚）
愚かなるかな秦の始皇帝、徒に薬を求め（愚哉秦帝徒求藥）
常軌を逸している斉国の人、空しく秘訣を信ずる（妄矣齊人謾信書）
名教の楽地が東方にただ独り多く（東土自多名敎樂）
私と一緒に皆様方も早く帰ろう（吾行諸子可歸歟）

ここでは趙はまず、ふざけるような口調で富士山とその周辺を嘲笑いの対象にしている。一体誰が三島は神仙の住む場所と言うのか。私からみれば全然違うのだ。だって、箱根には（仙境を漂う）雲の一つもなく龍はとっくに海に移り住み、富士山は雪に埋もれて（神仙の友である）鶴は虚空を飛んでいる。だからそんなところに神仙がいるはずもないと。

こうして富士山のことをさんざん貶めた後、趙曮は一転、秦の始皇帝をも嘲笑の対象にしているのである。

昔、秦の始皇帝は不老不死の薬を求めて、徐福という斉国の人を仙人の住む「三神山」である日本に遣わした、という伝説がある。趙曮はそれを持ち出して、日本は神仙の住む土地でも何でもないのに、仙薬を求めてくる始皇帝はどれほどの馬鹿であるのか、「仙薬がある」と吹聴する徐福はまた、どれほどのインチキものなのかと趙曮は言うのである。

勿論、いわゆる「仙人の住む三神山・日本に仙薬がある」というのは単なる伝説であるが、趙曮の場合となると、日本のことを賛美するようなこの伝説は、ただの伝説であってもやはり気に食わない。何として貶《けな》しておかないと気持ちは収まらないのである。

このようにして、日本にやってきた通信使たちは、衣服制度から祭祀の仕方まで、沿道の自然風景から徐福の伝説まで、日本のこととなると何もかも批判と蔑みの対象となってくるのである。彼らの日本批判と日本差別はもはや病的レベルに達していると思うが、時には、通信使を接待する側の日本人の善意や配慮に対してまで、彼らは非難と嘲笑の言葉を浴びせるのである。

鄭章植著・前掲書において、このような実例の一つが詳しく記述されている。

一七四八年に第十回目の通信使が来日した時、使節団一行は以前の使節団と同様、福山藩の鞆の浦（今の広島県福山市鞆町）に泊まったことがある。その時、福山藩藩主の阿部正福が病を患って江戸にいるので、宇和島藩主の伊達氏はもてなしを代行した。

それよりも三十七年前に、第八回目の通信使が鞆の浦に泊まった時に福禅寺を宿にした。その随員の一人は日本紀行において福禅寺から観た風景を絶賛して、「海と山の絶景が途中の中で最高だ」と書き残したので、今回の使臣たちも福禅寺に泊まることを楽しみにしていたという。

通信使接待の準備に当たった地元の代官はもちろん、三十七年前の朝鮮通信使が「福禅寺が良かった」と褒めたことを知る由もないし、今回の通信使たちが福禅寺にどうしても泊まりたい気持ちであることを知っているわけでもない。接待準備の責任者は一応前例に従って福禅寺を選択肢に入れていたが、福禅寺の状況を調べると、井戸がないために火災の場合鎮火が難しく、出入口が狭いので出入りが不便であることがわかった。しかも、福禅寺のすぐ下から潮騒が聞こえてくるから、使臣たちの安眠を妨げる恐れもあるから、なるべく長旅に疲れた使臣を癒すための配慮で諸条件の良い阿弥陀寺を彼らの宿に定めた。そして、福禅寺に泊まりたいと申し入れた使臣たちに対しては、福禅寺が燃えたから宿を変えたと言い繕った。

しかし通信使一行の中に不審に思った者がいて、福禅寺に行ってみると、寺は荒れているもの別に燃えたわけではない。これを聞いて使臣はすごく立腹して、「倭人は巧みに欺き、誠実でないこと多くはこのようであり、甚だ痛み悲しむべきことである」と嘆いたのである。

そして、この一件に対して使臣たちは「大いに怒り夕食も拒み、船に上がり寝た」という。

以上は、鞆の浦で起きたささやかな「宿替え事件」の経緯であるが、日本側の接待役が「福禅寺が燃えた」と嘘をついたことは確かに悪かったであろう。しかしそれはあくまでも通信使一行の安全と快適を考えた上での「便利としての嘘」であって何の悪意もない。接待側のとった措置は全て、客人に対する配慮からのものであり、善意に基づくものであろう。

しかしそれに対して、使臣たちは直ちに「倭人が誠実でない」と口撃してきて、「甚だ痛み悲しむべきことである」と激昂した。挙げ句の果てには、彼らは夕食を拒み宿に泊まることも拒否して乗ってきた船で寝た。しかし普通に考えれば、この一件の一体どこが「痛み悲しむべきこと」なのか。彼らの示した反応はあまりにも大げさであって、あまりにも度を過ぎたのではないのか。通信使たちの過激な反応はどう考えても、招待する側の善意ともてなしを踏みにじったわがままな過剰反応であり、日本に対する自分たちの偏屈した感情の八つ当たり以外の何ものでもない。

深いコンプレックスを抱く人ほど扱いにくいものはない、ということである。

日本人は「禽獣」であり、「豺」「豨」である

朝鮮通信使達による日本貶しの極め付けはすなわち、日本人の民族性・国民性そのも

のを貶めの対象にして、現代の基準からすればまったく悪質な人種差別の視点から、日本民族全体の人間性を否定することである。挙げ句の果てには彼らは、「禽獣《きんじゅう》の如く」や「禽性獣行」などの侮辱的な差別語を平然と使って、日本人や日本民族のことを「獣」だと罵倒してくるのである。

例えば一七四八年に第十回目の朝鮮通信使が派遣された時、使節団の従事官として来日した曹命采《チョミヨンチエ》は、自らの書き残した『奉使日本時聞見録』において、日本人のことについてこう書いている。

「日本人は人柄が軽率で凶悪であり、女はうまれながらに淫《みだ》らである。医者が髪を剃るのは患者の家から呼ばれたとき、早く行くためである」(鄭章植著・前掲書より引用)

曹命采はここで、日本人全体の人柄、すなわち国民性についてそれが「凶悪」であると断言し、日本の女性は皆「うまれながらに淫ら」とも言い切った。しかし常識的に考えれば、このような断言はまったくの妄想からの独断以外の何ものでもないであろう。使節団の一員として来日した彼は、いわば「団体ツアー」の一員として日本人とは深い関係を持ったはずもないが、彼の接触した日本人は一体誰が「凶悪」で、彼の見た日本の女性は一体誰が「うまれながらに淫ら」というのか。

曹命采はおそらく、その日本旅行中で見たさまざまな表面的現象に、自分の勝手な想像を加えただけの話であろう。同じ文章の中で彼は、「医者が髪を剃るのは患者の家から呼ばれる時、早く行くためである」と述べたのも、彼の日本観察はまったく自己勝手の妄想であることがよく分かる。この朝鮮知識人は結局、自分勝手の妄想に基づいて、日本民族と日本人女性の両方を侮辱的に貶しているのである。

同じような「日本観察」を行なったもう一人の通信使がいる。前述にも登場した趙曮である。彼の日本人に対しする評し方は、曹命采のそれよりもさらに酷いものである。

趙曮は自分の刊行した『海槎日記』において、その時代の日本人の「染歯」の習慣についてこう書いている。

「（既婚の女性が染歯するが）未婚者と寡婦と娼婦は歯を染めない。歯を染めるのは、（既婚女性の）夫に対する心の誓いであると聞いてる。しかしその淫らな気風は禽獣とは何の変わりもない。醜さの極め付けである」（徐東日著『朝鮮通信使眼中の日本イメージ』（人

民出版社）より引用）

趙曮はここではまず、自らが観察した日本人女性の染歯の習慣について淡々と述べている。「歯を染めるのは、既婚女性の夫に対する心の誓い」だと語っている。「染歯」の理由に対する彼の認識が正しいかどうかは別として、問題はその後の文章である。趙曮はそこから一転、看過のできない侮辱的な言葉で日本人女性に対する口撃を始めた。曰く、日本の女性は淫らで禽獣と変わらない、醜さの極め付けであると。

日本人女性に対するこのような侮辱的断罪は、その直前に彼の述べた染歯の習慣に対する「観察」とは一体何の関連性があるのかはまったく分からない。彼はただ、支離破滅のような文脈の中で、根拠の一つも示すことなく、日本人女性のことを「禽獣と変わらない」と断定して罵倒したのである。

趙曮の場合、使節団の正使という立場上、その日本訪問中には日本人女性と個別的に接触できる機会があるとは思えない。彼はただ、旅の沿道でさまざまな日本人女性の風貌を見て、あるいは使節団の接待に借り出されてきた日本人女性の姿を見て、日本人女性とは何かを判断したのであろう。

この程度の「見聞」から引き出した、「日本人女性が淫ら」という判断は、どう考えても根拠のない妄想であろう。ましてや「日本人女性が禽獣と変わらない」となると、それはただ、日本人に対する人種差別的意念からの侮辱でしかない。そして、訪問国の女性についてそれほどの暴論を放ったことはむしろ、趙曮自身の人間性の異様さを露呈している。日本人女性が「禽獣と変わらない」のではない。この朝鮮知識人の趙曮こそは、「禽獣とは変わらない」心の持ち主なのである。

日本人のことを「禽獣」だと罵倒するのはもちろんこの趙曮に限られたことではない。常軌の逸した「日本人禽獣説」はむしろ、朝鮮通信使たちによる日本罵倒の定番の一つとなっている。

中国人学者の徐東日教授の著書である『朝鮮通信使眼中の日本イメージ』（人民出版社）には、これに関する記述が多くあるので、ここではその一部を引用して紹介しておこう。

例えば第一回目の朝鮮通信使の副使として来日した慶暹は、日本人の行いについては、「禽犢の行いは、語るのに口を汚《きたな》がることとなろう」と言う。もちろん、彼の発した言葉自体は、まさに自分の口を汚《けが》すような暴言であろう。

第三回目通信使節団で同じ副使を務めた姜弘重《カンホンジュン》となると、日本人の国民性を評して、次のような侮辱の言葉を平然と書く。

「その禽性獣行は、醜悪にして聞くに耐えず、その畜生的な風俗はすでに習慣となって怪しむにも足らぬ」と。こんな短い文の中で彼は、「禽」と「獣」と「畜生」という三つの、それこそ聞くに耐えないような罵倒語を使って日本人のことを汚したのである。

第七回目の通信使節団の一員である洪禹載はまた、「面目は人間であっても、行いは犬と豚の如く」と言って日本人のことを評しているが、中華文化の世界においては、相手のことを「犬」や「豚」と言うのはまた、その人間性を全否定するような最大級の侮辱語である。

もう一人、いわば「日本人禽獣説」を堂々と展開する朝鮮知識人がいる。第四回目の通信使節団の副使を務めた金世濂《キムセリヨム》である。彼は自らの刊行した『海槎録』では、日本民族のことを評してこう綴っている。

「海の向こうの人々は、狼のように貪欲であって利を見れば義を忘れる。狡猾にして饒舌でもある。もともと蛮夷であるからその性が狂躁にして毒があり、猿であるのに冠を被っているようものである。その国へ行けば、見渡すところは豺《さい》や貅《きゅう》の類ばかりである」

（徐東日著・前掲書より引用）

金世濂はここで、日本人のことを「狼」と「猿」に例えた以外に、「豺」と「貅」という二つの言葉を持ち出して「日本人禽獣説」を展開している。「豺」というのはアカオオカミ、山犬のことであり、「貅」は「貔貅」のことで、古代中国で飼いならして戦いに用いたという伝説中の猛獣のことである。

実際にいる獣のことであろうと伝説中の猛獣のことであろうと、要するに朝鮮知識人の金世濂からすれば、とにかく日本人は人間ではない、まさに獣同然のものである。

そして彼は、日本人のことを評してのわずか数行の文章において、「狼」と「猿」と「豺」と「貅」という四種の獣の名前を持ち出して、日本人のことを言い表しているのである。同じ人間同士であるはずの海の向こうの民族を、そこまで汚して貶すのはもはや狂気の沙汰というしかない。少なくとも日本のことに関わったとき、彼ら朝鮮知識人はもはや正常の心持ちの人間ではない、完全に狂っているのである。

心尽くしの接待を受けながらの日本憎し

日本人のことを「禽獣」とまで侮辱する通信使たちの日本批判はどれほど異常なものなのか。それは別の視点から見ればなおさら明確である。

江戸時代を通して十二回の通信使派遣があったことは前述のとおりであるが、使節団が釜山から出発して海路と陸路で江戸にまでたどり着き、さらに江戸から折り返して釜山に帰るまでは、日本での滞在日数はおおよそ五カ月、あるいは半年であった。その間、通信使一行は九州から江戸までの各藩の領地を歩き、あちこちで宿泊もした、実はその沿道、幕府と各藩は、通信使一行に対してまさに至れり尽くせりの接待とサービスを提供したのである。

幕府と朝鮮王朝の取り決めでは、通信使一行の日本滞在中の食費などの諸費用は日本側の負担となって、宿泊も日本側の無料提供となっている。そして、通信使たちの実際の訪日に当たって、幕府と沿道の各藩は、単にこの取り決めを約束としてきちんと守っただけでなく、まさに日本人特有のもてなしの精神を持って、心を込めて彼らの接待に当たっているのである。本来なら、朝鮮通信使は日本に対する朝貢使節ではあるが、心の優しい日本人は、それでも彼らのことを上目線から冷たく当たることは一切なく、むしろ大事なお客さんとして迎えていたのである。

通信使に対する日本人の心尽くしの接待ぶりについて、仲尾宏著・『朝鮮通信使　江戸日本の誠信外交』（岩波新書）は詳しく記述しているので、そのいくつかの断片をここで紹介しておこう。

対馬から海路で九州に近づいてくる通信使一行は、必ず福岡藩内の筑前藍島（現・福岡県新宮町相島）に一泊か、二泊を泊まることになっている。接待役としての福岡藩は、通信使が来る度に藍島に茶屋を新造して調度品を整え、必要な生活物資をあちこちから調達してきて、通信使たちの歓待に費やすのである。

例えば一六八二年に第七回目の通信使節団が来日した時、この藍島に往路一泊、復路二泊を泊まったが、彼らの接待のために、福岡藩は藩外から調達した品々のリストは下記である。

まず、京都から調達されたのは金箔一万枚、紫袱紗《ふくさ》五十枚、天目大皿十六枚、それに極上の茶、ナツメなどである。「天下の台所」の大坂から調達したものには、銅製の鍋、煙草盆、それに煙管《きせる》二百六十本、葉タバコ、銚子提《ちょうしさげ》、各種の箸、銅製風呂釜、銀箔一万枚、蝋燭二千三百挺、鰹節、守口漬五十桶、古酒と新酒がある。

また、朝鮮人が豚肉が好物であることを考慮して、長崎から家豚十疋を調達してきた以外に、白砂糖百斤、氷砂糖五十斤、唐紙百枚、各種の皿、茶碗も長崎から購入してきた。

それ以外には、近くの小倉藩の大島からは大ザザエ、伊勢海老を調達してきて、安芸浦刈からは生鯛六十疋を買い求めて生簀のある船に積んで藍島に届けたという。

以上は、福岡藩の場合を例にして、朝鮮通信使に対する日本側の心尽くしの接待ぶりを見たが、ここでは、仲尾宏著・前掲書の記述にしたがって、もう一つの例をあげよう。

前述のように、瀬戸内海は通信使の必ず通る海路であるが、通信使が来る度に、長門・周防の大名であった毛利氏は赤間関（下関）と東方の上関でその一行を迎えた。そのうち、上関での通信使接待を任されたのは、毛利氏から周防国内に三万石を与えられた中世からの名族の吉川《きっかわ》氏である。

それでは一七一一年に第七回目の通信使が来日した時、毛利藩と吉川氏が上関でどのような接待を行なったのかを見てみよう。

通信使一行が海路で上関に着いたのはこの年の九月二日、ここで三泊四日滞在した。彼らを迎えるために、毛利藩の担当者である毛利大蔵と吉川家家老格の香川舎人《とねり》が五月中旬にすでに上関に到着して準備にとりかかった。八月一日には新築の茶屋が完成した。上関では珍しい二階建ての茶屋であった。またその前に作られる番所は今回永久建築とされ、接待役人が詰めることになった。

賄い方は早くも三使臣（一人の正使と二人の副使）に供給する食材の準備を整えた。その中身は、三使臣の一人ずつに毎日、白米四升、酒二升、味噌一升五合、醤油六合、酢六合、塩五合、ゴマ油五合であるが、三使臣以下は身分に応じてそれぞれ減量されるが、大勢の中・下官にも上位者と同じ食材が提供された。

上述の食材の他、通信使たちに挽き茶、割タバコ、蝋燭も提供される。手賄いのための道具も不便のないように貸し与える準備が調えられ、海上不順の場合は全員の上陸もありうることゆえ、茶屋はそのつもりで準備万端を整えるよう指示された。地元の町人にも万事不作法なく迎えるようにとの達しが出され、通信使の無事通過を祈願して地元の神社に神楽を奉納した。

八月十六日には通信使船団の先を走る鷹船、馬船が到着する。早鐘で到着を知らせ、随行の朝鮮人には酒、金子、素麺などの進物が手渡された。翌日の出船には揚提灯を灯し、藩の役人が浦刈まで送る。

九月二日夜九ツ時（午前零時三十分頃）、三使臣船、供船、宗対馬守船が続々と入港した。だが折からの引き潮のため朝鮮の大船は桟橋へ着岸できず、役人が海中に入って曳航《えいこう》した。香川舎人以下の役人は熨斗目《のしめ》長裃《ながかみしも》装束で茶屋前で出迎えた。

通信使たちにそれぞれ進物が呈され、三使臣以下へ杉重（肴）、串ナマコ、岩国酒の目録が手渡される。翌日より風波強く出船が危険なため、通信使から滞在延長の暇つぶしに囲碁差し入れの要望があり、大あわてで町中を探し届ける一幕もあった。この間、香川舎人・毛利大蔵は茶屋に詰め切りとなった。六日、ようやく出船、香川舎人は町境の海上まで見送った。

以上は、往路における通信使接待の一部始終であるが、次は復路である。同年十二月二十六日、朝鮮の貨物船三隻は上関を通過しようとしたが、船の飲み水が枯渇したというので、水船を出して補給した。翌年正月四日、朝鮮使節船は東方の家室で仮泊し、上関は通過のみとの日程が確定した。昼ごろ通信使船は上関に着船、役人からの進物を朝鮮側が受けとって挨拶を交わし、八つ時（午後二時）に出航した。

これで毛利藩と吉川家の接待任務がようやく終了したが、このたびの送迎に使った船は大小合わせて六百五十五隻、動員された役人、町人が判明されただけで四千五百七十六名であったという。毛利藩と吉川家は、まさに財力と人力の限りを尽くして、誠心誠意、通信使たちの接待に当たったのである。

以上は、朝鮮通信使に対する福岡藩と毛利藩の接待ぶりを具体的にみたが、もちろんこの二藩だけでなく、通信使たちはその五カ月間か半年にわたる日本の旅において、幕府と各藩から上述のような至れり尽せりの接待を受け、日本人の優しさと好意に扱っていることは歴史の事実である。

しかしそれでも彼らはやはり、自分たちの書き残した「日本訪問記」においては日本人の悪口を言いふらし、日本と日本人のことを極力貶したのである。それこそ人間的優しさと好意を持って彼らを歓迎してもてなした日本人を「禽獣」や「禽獣同然」のような言葉で侮辱する朝鮮の知識人たちの人間性はさることながら、彼らの抱く日本コンプレックスの深さがこれでよく分かってくるであろう。

この章を通して見ているように、結局彼ら朝鮮通信使は、「小中華」という妄想に近い自己認識から日本のことを常に上目線から見下ろそうとしている一方、現実的には通信使として日本に対する屈辱の朝貢外交を行わなければならない立場にある。そして日本にやってきて実際に目にしたのは、彼らの度胆《どぎも》を抜くほどの繁栄と豊かさと文明度の高さである。

そのままでは彼らは、自分たちの偏見・妄想と現実との大き過ぎた落差に押しつぶされ、優越感もプライドも粉々に打ち砕かれてしまう以外にない。

その際、彼らが必死にとった心理的自己防衛策、あるいは精神的勝利法とはすなわち、さまざまな屁理屈とこじつけを使って、あら探しのようなやり方で日本を徹底的に貶めて嘲笑い、日本人のことを徹底的に侮辱しておくことである。そのためには、日本人の風俗習慣も、日本の詩文も儒教も、そして日本の自然風景までが彼らの貶しの対象となって、とにかく何もかもにつき日本を貶しておかないと気が済まないのは彼ら朝鮮通信使の一貫とした流儀である。挙げ句の果てには、日本人の善意も彼らに対する配慮も嘲笑いの対象となってしまい、あれほど礼節と好意を尽くして彼らをもてなした日本人は、彼らによって「禽獣」だと罵倒され侮辱されたのである。

しかしこのようなことは結局、朝鮮は日本らに対して実に哀れな立場であることを浮き彫りにして、彼ら朝鮮知識人は実に偏屈した心と歪んだ人間性の持ち主であることを表した。朝鮮王朝と朝鮮の知識人たちは、どれほど哀れにして卑劣な存在だったのだろうか。

第三章

「日本コンプレックス」の塊だった通信使たち

申維翰『海游録』の悪意の日本口撃

前章ではわれわれは、鄭章植氏や姜在彦氏などの韓国系学者、あるいは中国人学者によって紹介された資料に基づいて、通信使として来日した多くの朝鮮知識人がいかにして日本のことや日本人のことを貶《けな》したり侮辱したりしているかを垣間見た。もちろん、悪意に満ちていた彼らの日本口撃あるいは日本侮辱は、単なる彼ら自身の抱える「日本コンプレックス」の裏返しであり、彼らの哀れな「精神的勝利法」の行使であることも前章で論じた通りである。

しかしながら、前章において紹介した朝鮮知識人の「日本言説」のほとんどは、彼ら自身の書き残した著作や文章からの直接引用ではなく、上述の韓国系学者や中国人学者の著作からの間接的引用であって、いわば孫引きの類である。しかも、孫引き的な引用であるがゆえに、その内容は断片的なものであることが多く、朝鮮知識人の日本観の全容を把握するのにはやはり物足りない。

幸い、通信使たちの書き残した「日本紀行」がまとまった書籍として日本で刊行されているものがある。その一冊は、申維翰《シンユハン》著『海游録《かいゆうろく》』であり、もう一冊は金仁謙《キムインギョム》著『日《にっ》東壮遊歌《とうそうゆうか》』である。両方ともは平凡社の「東洋文庫」として刊行されている。

筆者としては当然、この二冊ともを入手して熟読したので、この章では今から、朝鮮通信使たちの残したこの二冊の「日本紀行」を材料にして、彼らがどのようにして日本を口撃し、そして日本を貶しているかを見てみることとする。

時間列的には、『日東壮遊歌』よりも『海游録』の方が早く書かれたので、本章ではまず、申維翰著『海游録』を俎板の上に載せることにする。

『海游録』というのは、一七一九年に第九回目の朝鮮通信使が派遣された時、使節団の中の「製述官」として来日した申維翰の書き残した「日本紀行文」である。

この本の邦訳が一九七四年に刊行された際、前述の姜在彦氏がその解説文を書いているが、その中で姜在彦氏は、『海游録』と著者の申維翰について次のように紹介している。

「『海游録』は、著者が一七一九年四月にソウル（漢城）を出発して、十月に江戸に至り、翌年一月にソウルに帰って復命するまでのほぼ九カ月にわたる詳細な日記と、それを基礎にして整理したトータルな日本観察としての『日本聞見雑録』から成る。（中略）

申維翰（一六八一～？）は、字を周伯、号を菁川または青泉という。慶尚北道高霊の人で、一七一三年（粛宗三十九年）に科挙試の文科（丙科）に及第した。かれは詩文を能くし、文集として『青泉集』などがあるが、官は奉尚寺の僉正にとどまった。奉尚寺は国家の祭祀や謚号を管掌する官庁で、そこでの官階は正、副正、僉正、判官、主簿……などがあり、僉正は従四品に当たる。つまりかれは官職に恵まれることはなかったが、おそらくそれは、かれが庶孽出身（妾子および妾子孫）であったからだろう」（申維翰著・姜在彦訳注『海游録』平凡社）

姜在彦氏による以上の記述から、われわれは『海游録』という書物の概要と著者申維翰の基本データを知った。そこで紹介された申維翰という朝鮮知識人のプロフィールは実に興味深い。彼は詩文の才能があって科挙試験に合格した朝鮮一流の文人であるが、庶出であるがゆえに高い官位につくことなく、奉尚寺という権力中枢外の弱小官庁の序列3程度の官職に甘んじる立場である。言ってみれば申維翰は朝鮮朝廷の中では、詩文に長じることが唯一の取り柄の、冷や飯を食わされている高級官僚の「窓際族」の一人であるが、どこの世界でもそういう人間はたいていの場合、かなりのひねくれ者であることが多い。

実際、彼の記述した自分自身の日本における言動や日本に対するその評し方からみれば、中維翰という人間はまったく、へそ曲がりの意地悪オヤジであることがよく分かるのである。

多くの朝鮮通信使の場合とは同様、『海游録』に収録されている申維翰の日本紀行あるいは日本論評は、まさに悪意に満ちた日本貶しのオンパレードだったのである。

朝鮮通信使は普段、釜山から出発してからはまず対馬藩の離島で日本の土を踏むことになるのだが、申維翰の場合、対馬に着いた早々、定番の日本悪口はすでに始まった。

対馬藩の府中に到着した当日の日記において、彼は対馬藩民のことを評してこう記した。

「民の俗は、詐りと軽薄さがあって、欺くを善くす。すなわち、少しでも利があれば、死地に走ること鶩の如くである」（申維翰著・姜在彦訳注前掲書）

ここでは申維翰は当然、一人か二人の対馬人の性格や人なりについてコメントしているわけではなく、対馬人を一括りにしてその全体としての「民の俗」を論評している。そして彼の口から飛び出してきたのは、「詐りと軽薄さがあって、欺くを善くす」という悪口の連続であって、対馬人の人格を全面的に否定するような罵倒《ばとう》である。

しかし日記の中でこのような罵倒文を書いた時、申維翰は対馬をこの目で見たのはわずか数日間、接触した対馬人も限られている。彼は一体どうやって、そして一体どのような体験から、対馬人に対する上述の悪評を引き出してきたのであろう。

筆者の私自身はもともと、中国から日本にやってきた外国人の一人であったが、私の場合、日本人一般の性格や国民性が多少分かってきたのがやはり、来日して十年後のことである。一国の国民性、あるいは一地方の「地方性」を分かった上で論じるのには、それなりの体験と観察の重なりが必要であろう。

しかし、朝鮮知識人の申維翰は、対馬の土を踏むや否や、対馬人全体の性格や行動原理について上述のような悪評を発した。それはどう考えても、客観的な観察に基づく正当な論評であるはずもない。それは単に、申維翰というひねくれ者の朝鮮文人の、対馬人に対する口任せの口撃でしかない。あるいは彼が来日する前に抱いていた、対馬に対する偏見的なイメージの現れであるかもしれない。とにかく彼は、対馬に入った途端直ちに、対馬に対する無責任な悪口を吐いたわけであるが、一事は万事、申維翰という人の「日本観察」とはたいていこういうものである。

対馬の滞在中、通信使一行は藩によって提供される「使館」に泊まっている。使館には、使節たちの目を楽しませるためにさまざまな花の盆栽が設置されているが、その中には、本物の花ではなく造花もある。そこで申維翰は、こうした日本流の造花についてもコメントした。

「また造花では、梅、菊、牡丹のたぐいがあるが、その茎葉や英蘂が、天生のものとまったく同じで、見る者の多くは誤認してこれを真物と思う。まことにその国俗が、怪を好み巧を尚ぶこと、おおむねかくの如くである」（申維翰著・姜在彦訳注前掲書）

ここでは申維翰は、この目で見た日本の造花に対する印象から、対馬人ひいては日本人全体の「国俗」を論じた。造花をまるで本物の花であるかのように作って鑑賞する対馬人あるいは日本人は、「怪を好み巧を尚ぶ」ものであると彼が言う。

造花の一つ二つを見て、一地方の人々、あるいは一国の人々の「国俗」を邪推すること自体はそもそもトンチンカンな論法であるが、申維翰はそこから引き出した「怪を好み巧を尚ぶ」という対馬人観察、あるいは日本人観察はなおさらデタラメなものであろう。

「怪を好み巧を尚ぶ」は元の漢文では「好奇尚巧」であるが、中華世界の表現法においてそれは決して褒め言葉ではない。むしろ、正道から外れた邪道に対する軽蔑の意を含めた批判的言葉であって、日本語で言えば「軽薄な物好き」というような意味合いである。

本来、本物を彷彿させる日本の造花の精妙さを見て、その造花技術の高さを褒めても良いところであるが、やはり申維翰という朝鮮知識人は日本を褒めようとは絶対しない。褒めても良いところを、彼は結局、軽蔑するような批判的な言葉で貶してしまうのである。

このようにして、対馬で日本の土に足を踏んだその時から、申維翰の日本悪口はすでに炸裂する勢いであるが、それからの日本訪問中に、彼はいたるところで日本に対する悪評を日記に書き残している

例えば対馬から離れて、平戸藩治下の壱岐島に泊まった時のことである。平戸藩は奉行を島に遣わして通信使一行の接待に当たった。そして

申維翰自身の記述によると、平戸藩は使節団の宿泊のために山の麓に使館を新築したが、「その結構は百余間、曲々として道が通じ、障子をへだてて房があり、房には浴盥、茶湯、溷廁《かわや》を置き、その造りは精巧である」という（申維翰著・姜在彦訳注前掲書）。

この記述からしても、平戸藩は、通信使一行に快適な宿泊空間を提供するためによく努力していることが分かる。しかしそれでも、朝鮮知識人の申維翰はその日記の中で感謝の言葉も一つ述べることはない。彼はむしろ次のような文句を言いつけてくるのである。

「しかし三使臣をはじめ一行の上下諸人の居る所は、みな一つ屋根の内にあり、しかも地は狭隘、深遠、窮屈である。館の背後は絶壁の下で、前のひさしは浦岸に接しており庭場がない。出入りにも天が見えず、鬱々たる感を拭いえない」（申維翰著・姜在彦訳注前掲書）

申維翰の文句の対象となっているのは、狭くて窮屈な宿舎の構造であるが、それはどう考えても、狭い島の地理条件という止むを得ない事情によるものであろう。この制限された地理的条件の中で、平戸藩は彼らに快適な宿舎を提供するために苦心していたはずである。しかし申維翰は相手のもてなしや心遣いに対して感謝の言葉の一つも言わないが、その代わりに、宿舎の止むを得ない欠点をいちいち探し出して怨言《えんげん》ばかりを言いふらしているのである。

日本人に対する人種差別的侮辱

申維翰の悪意に満ちた日本口撃の特徴の一つはすなわち、彼は七カ月間の日本滞在中に接触したほとんど全ての日本人を否定と嘲笑の対象にしてしまうことである。

例えば雨森芳洲《あめのもりほうしゅう》に対してである。雨森芳洲はその時代の日本の高名な儒学者の一人である。中国語・朝鮮語に長じて、対馬藩に仕えて朝鮮との外交交渉には重要な役割を担っている。通信使の来日にあたっては、雨森芳洲はいつも使節団に随行して彼らの世話役を務めた。

この雨森芳洲に対し、申維翰が述べた印象はこうである。

「その状を見るに、顔面は藍色《あいいろ》で語は重く、胸中を吐露《とろ》しない。ことに墨客《ぼっかく》らしい疎暢の気がない」（申維翰著・姜在彦訳注前掲書）

人間の顔が「藍色」であるのは一体どういうことか。筆者の私にはまったくピンとこないが、どうやら申維翰は、相手の悪口をいう時には言葉を選ばないのである。

日本人に対する悪評の矛先《ほこさき》は大名武士にも向ける。使節団一行は大阪に滞在したとき、幕府の命によって北条安房守（北条氏英）と鈴木飛騨守（鈴木利雄）の二人の大名が接待に当たった。申維翰はこの二人を評してこう書いている。

「（二人が）進退がいじけており、言辞も十分に使いこなせない。しかし、これみな関白の重臣にして、大阪の留守役である。日本の官爵は、世襲をもってするゆえに、人を択ばず、怪鬼の如き輩がいずくんぞその任を能くなしえようか。笑うべきことだ」（申維翰著・姜在彦訳注前掲書）

日本の江戸時代には確かに、「バカ殿」と呼ばれるような暗愚な大名もいた。しかし、さすかに一国一城の主であるのには「言辞も十分にこなしていない」であるとは想像に難しい。仮にこれほど愚劣な大名が居たとしても、幕府はそれを大阪の留守番役や通信使の接待役に命じることはまずない。ましては、彼ら通信使の接待に出てくる二人の大名が揃い揃って言葉も自由に使いこなせないような大馬鹿であることは、どう考えてもありえない話であろう。

申維翰はここでは明らかに、嘘の記述をもって日本の武士を極力貶《おとし》めているのである。ましてや上述の二人の大名を指して「怪鬼の如き輩」と評するところとなると、それは単なる罵詈雑言以外の何者でもない。相手の悪口を言うために、わざと悪評しているだけのことである。

前章でも記したように、通信使節団にとっての最大のイベントはすなわち江戸城に上がって将軍に国書を呈することである。この式典に参列した申維翰は、自分がその時にみた江戸城の様子と、式典に臨席した幕府側の人々に対する「印象」をこう書き残している。

「けだしその城門、殿門、宮闈の諸処を観るに、一つとして名号の額を掲げたところなく、宮城の内外には、一つとして官府、直宿、百官治事の所なく、闕門、殿陛には、一人として執兵陳衛する者がない。宮廷に合坐せる貴族近親者および高位者には、一人としてその容貌および挙止が人に似たる者がない」（申維翰著・姜在彦訳注前掲書）

申維翰はここでは、江戸城の「城門、殿門、宮闈の諸処」に、「名号の額」の一つも掲げられていないことを取り上げて暗に貶めている。確かに、朝鮮の宮殿は至るところに絵や書の書かれている額が掲げているが、日本のお城にはそんなことをする習慣はない。そしてそれはあくまでも、文化と慣習の違いの問題である。

しかし申維翰は明らかに、こうした文化的慣習の違いの一つをわざと取り上げて、あたかも日本の方が文化的に劣っているとの印象付けをしているが、それはさることながら、もっとも許し難いのは、彼はその場に居並ぶ日本側の「貴族近親者および高位者」を一括りにして、「一人としてその容貌および挙止が人に似たる者がない」と断じたところである。

正直、日本への帰化人である私でも、この行を読んで流石に激しい憤りを感じずにいられなかった。いくらなんでも、相手国の人々に対するこのような「評し方」は酷すぎるであろう。現代の感覚で言えばそんなのはただのヘイトスピーチであるが、どんな基準からしても、相手側の人々を指して「一人としてその容貌および挙止が人に似たる者がない」と言うのは単なる人種差別、悪質な人間侮辱なのである。

筆者の私自身は人種差別者ではないので、この朝鮮知識人の申維翰がわれわれと同じ人間であることを認めよう。しかしこの彼こそは、私が今まで見た人間の中でのもっとも卑劣にしてもっとも醜悪な人間の一人であって、まさに人間のクズそのものである。

申維翰は、江戸に滞在していた時、対馬太守家の宴に招かれて、日本の芸能の鑑賞に誘われたことがあったが、これに関し、申維翰は次のように記述している。

「対馬太守は使臣に、便服をきて別館に出て雑戯を観られんことを請う。ついに外堂まで徒歩し、諸従官もこれに随う。堂前六、七歩のところに小廊があって、麗にして敞、楽手五、六人が琵琶、笛、腰鼓それぞれ数部を執り、一行の前に列坐した。歌手もまた数人いる。

琵琶の状は我が国の嵇琴の如く、その腹部には絃があって、撥《ばち》をもってこれを弾く。鼓はすなわち缶形にして小、左手でその腰部を提げ、肩上に担うて、右手でその一面を撞く。いわゆる鼓をたたく者は必ず狂呼叱咤し、これ、興に乗れば股を搏ち鳥を呼ぶの類に似、しかも声は、犬が吠え鶴が鳴く如く、思わず失笑した」（申維翰著・姜在彦訳注前掲書）

以上のように、対馬藩主は客人に対するもてなしの心から、通信使一行を日本の「雑戯」の鑑賞に誘ったが、それを観た製述官の申維翰は結局、演奏者たちの発した声を「犬が吠え鶴が鳴く如く」と悪意を持って貶めた上で、「思わず失笑した」というのである。

しかし正常な心を持つ人間であれば、招待する側のもてなしをそこまで貶すことがあるのだろうか。相手側のもてなしをここまで嘲笑してしまうのはむしろ、嘲笑者自身の歪んだ心の現れであろうが、相手の好意や優しい心を、とにかく邪悪な目で見てしまうのはまさに、この申維翰という朝鮮知識人の一貫とした心構えである。

弄ばれる日本人の誠実さと純粋さ

この章の初めに、申維翰が初対面の雨森芳洲に対して悪意に満ちた「初印象」を述べたことを紹介したが、いよいよ通信使一行の帰国の前夜となった時、彼らの面等をずっと見てきた雨森芳洲は通信使節団の宿舎を訪れ、高官たちの一人一人に別れの挨拶を行なった。

製述官の申維翰も挨拶を受けたが、彼はその時の自分と雨森芳洲とのやりとりを次のように記している。

「使臣から、明日発船するとの令があった。雨森東が船窓にきて相見し、あらためて別れの意を申《の》べた。余は、筆話の間に、たまたま一聯を書して曰く、

『今夕有情来送我
　此生無計更逢君』。

雨森はこれを見て、声をころして泣きながら曰く、

『吾、今老いたり。あえてふたたび世間事にあずかることもなく、朝に夕に島中の鬼になる日が迫る。なお何を望もうか。ただ願わくば、諸公は国に帰って朝廷に登り、栄聞を休暢せられんことを』。

言いおわって、涕涙が頬を濡らした。余曰く、

『もとより君の鉄心石腸たるを知る。今何ぞ女児の態をなす』。

雨森曰く、

『辛卯年（一七一一年）信使の諸公も、相愛の深さが一にこんにちの如くであった。しかし、別れの時にこの涙はなかった。十年このかた。精神と鬢髪がすでに老醜となる。古人というところの暮境に情弱しとは、けだしかくの如きをいうのであろう』。

余はその状を観るに、険狠にして平らかならず、外には文辞に託し、内には戈剣を蓄う。もし彼をして国事に当たらしめ、権を持たせしむれば、すなわち必ず隣疆に事を生ぜしむるであろう。しかし、その国法の限るところとなって、名は一小島の記室にすぎぬ。いつまでもその地に居ながらにして、老死することを愧としている。別離の席での涙は、すなわち、みずからを悼むものであろう」（中維翰著・姜在彦訳注前掲書）

以上は、中維翰の書き残した、雨森芳洲と自分との別れの際のやりとりと、雨森芳洲に対する中維翰自身の締めくくりの人物評である。

それを現代日本語に簡単に意訳すれば、要するにこういうことであろう。

別れの挨拶にやってきた雨森芳洲に対し、申維翰はまず、次のようなことを書いて渡した。「今宵は、君に情があって私の見送りに来てくれたが、今生ではおそらく君と再会することはないのであろう」と。

雨森芳洲はそれを見て泣いて言った、「私はすでに年を取って今後はこの島（対馬）の中で老いていくが、皆様は国に帰ってさらに栄達することを願う」。

それに対して申維翰はこう言った。「もとより、君のことは（人間の情が通じない）鉄心石腸だと思っているが、どうして今になって女のように泣いてしまうのか」

雨森芳洲はこう答えた。「十年前に通信使が来日したとき、私は彼らと親しくなったが別れの際に涙はなかった。今になってはやはり、年をとって情に脆くなったからか」と。

以上は、申維翰が記した、別れの挨拶にやってきた雨森芳洲と自分とのやりとりの内容である。そして上述のように涙を流して自分の心情を告白した雨森芳洲の人物について、申維翰は最後には次のようにして評した。

「この人を見ると、やはり険悪にして一筋でないことが分かる。表向きは言葉を巧みに発しているが、心の中では陰険なものを持っている。このような人を国事に当たらせて権力を握らせれば、必ずや隣国に対して悪いことを起こすのであろう。幸い、彼は単に、対馬という小さな島で書記官をやっているような者、ここで老死する運命だ。彼の涙はむしろ、自分のこうした哀れな運命に対する弔いではないのか」と。

雨森芳洲に対する上述の人物評を読んで、筆者の私は改めて、申維翰という朝鮮知識人の酷薄さと人間的醜悪さを覚えた。通信使一行の日本滞在中に、彼と雨森芳洲との間で何かあったのかはよく分からないが、上述の話は、年のとった雨森芳洲は別れの挨拶のために申維翰の元に訪れた時のことである。二人が別れの挨拶を交わしている中で、雨森芳洲の方は感傷して泣いてしまい、胸襟《きょうきん》を開いて自分の心情を吐露《とろ》した。つまり日本知識人の雨森芳洲はここで、純粋に心を開いて相手と誠実に向き合おうとしていたのである。

しかし、自分の心を素直に開いた日本知識人の誠実さと純粋さに対して、申維翰は一体どう反応したのか。彼は結局、次のようなことを思ったのである。

こいつは険悪にして一筋ではないのだ。こいつは権力でも握ったら悪さをするものだ。

こいつは一生栄達できずにして島の中で死んでいくのは幸いなことだ。こいつの涙はただ、自分自身の哀れさのために流したものだと。

つまり中維翰はここでも、自らの妄想と邪推に基づいて雨森芳洲のことを徹底的に馬鹿にして、徹底的に侮辱して、徹底的に貶したが、それはすなわち、一人の日本知識人が朝鮮通信使に胸襟を開いたことの結果であり、日本人の誠実さと純粋さは単に、中維翰の嘲笑を招いただけのことである。

そんなことをされていたら、日本人は一体、こういう人間のクズ同然の朝鮮知識人とどう関わるべきなのか、彼らと関わっただけで日本人が損するのではないか。

考えてみれば、当時の日本人は彼ら通信使のことをただの朝貢使として扱って上目線から見下ろせば良かったのだが、雨森芳洲のように、彼らを相手に胸襟を開いたことはそもそもの間違いである。ある意味では、相手に対して安易に心を開いてしまうのはこの雨森芳洲だけでなく日本人共通の弱点であるが、その反面、常に邪悪な目で日本人を見てどこまでも日本人のことを貶していくのはこの中維翰を含めた朝鮮知識人の一貫とした習性である。

そして、多くの朝鮮知識人と同様、申維翰の日本人に対する前述のような執拗な罵倒と常軌の逸した侮辱は所詮、彼自身の抱いた重度な日本コンプレックスの現れなのである。

例えば彼は、江戸城での国書進呈式典に臨む日本側の要人たちを評して「一人としてその容貌がおよび挙止が人に似たる者がない」と罵倒したことは前述のとおりであるが、よく考えてみれば、申維翰はここで、日本人に対してそれほど酷い人間的侮辱を行なったのも彼なりの理由があってのことであろう。

本書の第一章では詳しく述べたように、江戸城に上がって将軍に対して「四拝半」の朝貢の礼を行うこの式典こそは、彼ら朝鮮通信使にとってのもっとも屈辱の儀式である。この屈辱な場面においては、彼らの「小中華」としての自負と朝鮮知識人としてのプライドが粉々に打ち砕かれたわけである。そうすると、通信使の一人としてこの無残にして屈辱の式典に参列した申維翰は、その場に居並んだ日本人に対して「お前ら人間ではない」と心の中でつぶやく以外に、自分自身のプライドを救う方法はないのであろう。

彼は多くの通信使先輩とは同様、自分の心の中で日本人を徹底的に侮辱することによって初めて、ささやかな精神的勝利を得ることができるのである。

しかしそれでも申維翰たちは、深い精神的ジレンマから抜け出せないだろう。中維翰は一応、江戸城の式典に居並ぶ日本人のことを、「一人としてその容貌がおよび挙止が人に似たる者がない」と心の中で罵倒したことで多少の快感を得られたのであろう。しかし彼らはいくら頑張っても、自分たち通信使がこのような「人間以下」の日本人に対して屈辱の拝礼を行なった事実を抹消することができない。相手が「人間以下」であるなら、この「人間以下」の相手に拝礼しなければならない自分たち通信使は一体何物なのか、という問題には彼らは永遠に答えられないし、永遠に直視することもできない。彼らはただ、心の中で日本人を侮辱しておいて何とか自分たちのプライドを保つことができたようだが、そんなことは逆に、彼ら自身の哀れさを晒《さら》し出しているだけのことである。

目に余る朝鮮知識人の意地悪さと卑劣さ

通信使の一員であった申維翰は、自らの哀れさを晒し出しているもう一つの場面はすなわち、彼は日本訪問中に時々、いわば「礼儀」のことにかんして、つまらないところで問題を持ち出して接待する日本側に喧嘩を打ってくることである。

そして彼は、犬も食わないような喧嘩を日本人に打った自分の行動を、朝鮮のプライドを守るための勇敢なる行為だと自負しているから、『海游録』の中ではそれを自慢げに記しているのである。

例えば彼の記述によれば、その日本訪問中に実はこういうことがあったという。それは、通信使一行が旅の始まりで対馬藩に滞在した時のことである。

ある日、対馬藩主は旧例にしたがって、製述官の申維翰を単独に府中の藩主屋敷に招いて、藩の文士たちとの詩文の交流会を開くことにした。前々章でも述べたように、通信使節団の中の製述官の仕事はそもそも、朝鮮知識人の得意とする詩文の分野で日本側との交流を行うことであるから、製述官を招いて開くこのような詩文の会は対馬藩では恒例行事ともなっている。そして藩主自身も文士たちに交えて出席する慣例である。

このような経緯があって、製述官として来日した申維翰も当然、藩主主催の詩文の会に招かれたのだが、招待を受けた彼は、藩主の出席があることを知ると、まずは「相見の礼は如何」、つまり自分が詩文の会で対馬藩主と対面する時、慣例にしたがってはどういう礼儀を取るべきかと聞いた。

それに対して日本側は「製述官が前に進んで拝すれば、太守（藩主）は坐ってこれに揖す」と答えたという。つまり製述官が対馬藩主と対面した時、製述官はまず前に進んで藩主に礼拝し、そして藩主は座ったままで返礼するのは今までの慣例（旧例）なのである。もちろん、日本でいえば一国一城の主である藩主が、朝鮮視使節団の中では「三使臣」よりも序列が低い一製述官と対面した場合、このような礼の取り方はどう考えても妥当であろう。

しかし申維翰はこのような慣例にたいして不服のようである。彼は『海游録』の中でその時の自分の心の動きをこう書き残している。

「余はすでに、その言に従うべきでなく、旧例にもこだわるべきでないことを知ったが、しか好意で招いてくれたものだからと、三使臣がすすめる。第宅に往ってから争ってもおそくないと思い、ついに行く」（申維翰著・姜在彦訳注前掲書）

つまり申維翰は、藩主主催の詩文の会に行く前から、旧例通りの藩主との対面の礼を良くないと思って、それを拒否するつもりである。ならば彼は本来、詩文の会の出席を最初から拒否することも出来よう。しかし彼は招かれたままに行くことにした。そして、詩文の会へ行ってから、「対面の礼」について日本側と争うつもりであった。つまり彼は最初から喧嘩腰で詩文の会へ参加しに行ったのであり、日本側と喧嘩するためにわざと交流会に出席したわけである。

それでは、日本側の好意で開催された詩文の会は最初から潰される運命であるが、その後の展開は果たしてこうなった。

中維翰の記述によると、彼は招かれて藩主の屋敷に行くと、まずは日本側の文士たちとの宴会が始まったという。

「かれらとの間に筆硯と紙軸を置き、筆談すること数枚に及ぶ。酒、魚、果、飯、羹、糸麺の類を進める。いずれも食うにたるものであった」(申維翰著・姜在彦訳注前掲書)。

ちなみに、この時に居並ぶ日本側の文士には、通信使の世話役である前述の雨森芳洲の姿もあった。

そして、宴会が終わったところで、申維翰の想定した喧嘩の場面がいよいよやってきた。これにかんして、申維翰自身はこう記述している。

「食事がおわった頃、一人が見えて、紅氈を持ち、太守（藩主）がおいでになったことを告げた。座中が起ちあがろうとするので、余は容《かたち》を改めて言う、『請う、諸君は安坐せよ』と。雨森は吾が言を聞いて、『何を謂わるるか』と。余曰く、『君は必ず、余をして島主の前に進んで拝せしめ、島主は坐ったまま袂を挙げてこれに答えるを欲するか』と。かれは、『故事は然り』と言う。余ははじめて色をなして曰く、

『然らず。この島中は朝鮮の一州県にすぎない。太守（藩主）は図章を受け、我が朝稟を食し、大小の命を請うのは、我が国藩臣（地方長官）の義である。礼曹侍郎（礼曹参判、次官級）および東莱府使と抗礼（対等の礼）をもって書を通じ、すなわちその班級は等しい。

我が国法では、京官（中央政府の官人）の国事をもって外地に在る者は、その尊卑にかかわらず、藩臣と合坐交敬す。

いま不肖は、文臣として、著作郎（弘文館修撰）の職を帯びて来ている。たとえ使臣

のうしろに随行する者であっても、島主を視るに分別がある。しばらく賓と主の席を避け、島主が南に向かって立ち、余が前に進んで相向い、余が再揖し島主が一揖するというのなら、それでも偏重の嫌いはあるが、特に使臣であるがゆえに、つとめて一級を降りることにしよう。もしさいごまで、島主は坐し余は拝するをもって例となすならば、これ、君の主人をして、藩臣の礼を失せしめることになりはせぬか」（申維翰著・姜在彦訳注前掲書）。

以上は、製述官である申維翰が、対馬藩主主催の恒例の詩文の会に招かれた時、さまざまな理屈を述べて藩主にたいする慣例の拝礼を拒否したという一場面である。

彼の述べた理屈で言えば、最大のポイントは要するに朝鮮国内の儀礼制度を根拠にして、既に慣例となっている対馬藩主にたいする製述官の拝礼の仕方を拒否した点である。曰く、朝鮮国内の礼儀に従えば、日本の藩主はせいぜい地方長官にすぎないから、中央官僚の自分とは対等の立場である。したがって自分は藩主が坐ったままに拝礼することは出来ない。藩主はどうしても拝礼を受けるなら、まず藩主自身が立って自分と向かい合い、自分はこれで初めて拝礼することが出来ると申維翰は主張しているのである。

彼のこうした主張は明らかに、朝鮮国内の礼儀制度を日本側との外交の場面に持ち込んで、日本側に朝鮮国内の理屈と礼儀の仕方を一方的に強要するような理不尽なものであるが、それはさることながら、彼は自分の主張を言い出して慣例の拝礼を拒否したそのタイミングはなおさら問題である。

前述のように、彼は藩主の屋敷に出向く前から、すでに日本側から慣例の拝礼の仕方を聞き出した。つまり、製述官の自分が坐ったままの藩主に拝礼すべきという慣例である。そして彼自身の記述によると、彼はその時点ではすでに、「その言に従うべきでない」と判断し、このような慣例の拝礼を拒否する考えである。

本来なら、彼はこの場で日本側にたいして拒否の意志を表明し、拝礼の仕方を改めることを日本側に求めるべきであろう。古今東西を問わず、それは外交交渉の常識である。

しかしその時の申維翰は何も言わずにしてただ黙っていた。そして、慣例の拝礼を拒否する意志を日本側に告げずにして藩主主催の詩文の会へ出向いた。詩文の会では何事もないように平然と宴会を楽しんだが、いよいよ藩主がお見えになるその寸前、つまり慣例の拝礼を行うべき場面になるその寸前、彼は突如日本側に対して、拝礼を拒否する意志を伝えてその理屈を延々と述べたのである。

しかしそれはいくら何でも、酷すぎるやり方であろう。そんなのは明らかに、土壇場になっての「奇襲攻撃」であって、相手の立場も事情に対する何の配慮もない暴挙である。案の定、接待する日本側は青天の霹靂を受けた如く大混乱に陥ったが、その場にいた対馬藩士たちの立場からすれば、藩主が御なりになる直前に賓客が慣例の拝礼を拒否するようなことは、切腹する以外に陳謝するようがない切迫とした状況であろう。もちろん、日本側にとってのこのような深刻な状況を作り出したのは、まさに申維翰の土壇場の拝礼拒否であり、彼はこのような外道《げどう》なやり方で日本側を多いに困らせ、せっかくの交流会を無惨に壊してしまった。彼という人間の意地悪さと卑劣さは、まさに驚くべきものである。

前述においては筆者は、この申維翰という朝鮮知識人のことを「人間の屑」だと評したが、どうやらこの評し方はまだ甘い。彼は正真正銘、人間の屑以下のものなのである。

そして、彼が慣例の拝礼をあくまでも拒否したことの結果、日本側は結局、藩主がその場に出向かないことにして何とか事態を収拾した。言って見れば、日本側は大人の対応を取ったことでこの一件は「外交事故」に発展することが避けられたわけであるが、筆者の私の視点からすれば、申維翰という朝鮮知識人の底なしの意地悪さ卑劣さはとうてい許せるものではない。このような人たちといっさい関わらない方が良いというのは、今でも現実味のある歴史的教訓なのである。

金仁謙『日東壮遊歌』にみる「心の歪さ」

以上は、一七一九年に第九回目の朝鮮通信使の一員として来日した申維翰が、その日本紀行としてまとめた『海游録』の一部内容の紹介である。彼の綴った「日本紀行」というものは結局、自分自身の抱く深刻な日本コンプレックスから発したところの荒唐無稽な日本罵倒と日本侮辱のオンパレードであるが、この申維翰と同様、いわばコンプレックスの塊となって意地悪の日本口撃に終始したもう一人の朝鮮知識人がいる。一七六四年に第十一回目の朝鮮通信使が来日した時、使節の書記として随行した金仁謙《キムインギョム》という人である。彼もまた、科挙試験に合格して進士となった人で、朝鮮で言えばトップクラスの知識人である。

金仁謙はどうやら漢詩作りが上手であるようで、日本での見聞を全部叙事風の漢詩として詠んでいた。そして帰国後、彼は自分が日本の旅中で詠んだ叙事風漢詩を時間順にまとめて一冊の「日本紀行詩集」として刊行し、それを『日東壮遊歌』と名付けた。『日東壮遊歌』は一九九九年に、「東洋文庫」として平凡社より日本で刊行されているので、筆者の私はその一冊を入手した。そしてそれを一読すればやはり、彼ら朝鮮知識人の意地悪さと心の歪さには閉口するばかりである。

以下では、金仁謙が対馬に上陸してから詠んだ叙事風漢詩の数々から、彼は日本に対して一体どのような歪んだ心を持ち、そしてどのような荒唐無稽な日本批判を展開しているかを見てみよう。

例えば、通信使一行は対馬の西泊に滞在した時のことである。金仁謙は同僚の数人と一緒に、地元の西福寺を見物に行った。そこで彼は次のような漢詩を詠んだ。

「香台は磨《みが》き上げられ　ほこりひとつ見えず
小さな法堂《ほうどう》の中に 金の仏像が三体ある
眼下を見下ろせば　湖水のような海が
竹藪《たけやぶ》越《ご》しに　見え隠れしている
ここが我が国であったら　絶景哉《かな》と叫《さけ》ぶところだ」（高島淑郎訳注・金仁謙著『日東壮

遊歌』平凡社）

金仁謙はここで、自分が西福寺というお寺で見た風景を漢詩に詠んでいる。詩全体は淡々と風景を描写しているが、最後のところはやはり、朝鮮知識人の悪い癖が出てくるのである。「ここが我が国であったら絶景哉と叫ぶところだ」と彼は言うが、要するに目の前に「絶景」が広がっていても、それが日本の風景であるからには褒めてやりたくはない。ただの自然風景でも、その「国籍」によって違ってくるのだ。良い風景をただの良い風景として賞賛するほどの素直さは、この朝鮮知識人には皆無である。

次には通信使一行は、西泊から移動して対馬藩の府中にたどり着いた時のことである。藩が用意してくれた新築の宿舎に入ると、金仁謙は今度、朝鮮通信使定番のつまらない文句を始めた。

「我々の宿所は　一番北の端であった
夜に入ってから熟供が来る　漆塗《うるしぬ》りの膳が三つ並べられ
三つ四つの器《うつわ》がのっていたが　口に合うものはまったくない

最後に持ってきたものは　餅のようなものであった
どの部屋もオンドルがなく　すべて板藪に
タグミ［畳］を敷き詰めた部屋であり　壁はなく
四方は引き戸の障子《しようじ》によって　風を防ぎ
その内側に六曲の　金の屛風《びようぶ》を立てている」（高島淑郎訳注・金仁謙著前掲書）

本書の第二章でも記述したように、朝鮮通信使が来る度に、対馬藩を含めて日本の各諸侯たちは財力の限りを尽くして彼らのために良い食材を調達したり宿舎を新築したりして心の込めたもてなしを行なっていた。時には、彼らの口に合う食材として豚や鶏を遠方から取り寄せてくることもある。しかしそれでも、通信使の一員である金仁謙は、出された食事について「口に合うものはまったくない」と切り捨てた。そして部屋には朝鮮式のオンドルがないとも愚痴をこぼした。接待する側の気持ちからすれば、そんなお客さんをもてなしていては、単なる虚しさを覚えるのではないか。

彼らの対馬府中の滞在中に、こんな出来事もあった。朝鮮通信使の接待に関わっていた対馬の以酊庵という寺の僧侶が通信使たちに礼物を届けてきた。それに対して通信使たちは何と、「礼に適《かな》っていない」との理由で二度も三度も、受け取りを拒否したという。
この件につき、金仁謙はその得意な叙事詩でこう記しているのである。

「以酊庵僧から三使臣に　重箱一つ届けられていた
名前を書かず　別号を押印してきたので
不敬だといって突き返すと　改めて名前を書いてよこす
そこで初めて受け取って見たが　名は竜芳とあった
製述官、書記　三首訳、三判事にも
各々礼物《れいもつ》を持ってきたが、贈労となっているので
受け取らずに返すと　贈遺と書き直してきた
無礼であることに変わりなく　また押し返す
三度目になって　今度は押印せず
桂巌という別号を書いて持ってくる　やっと受け取った後に
我々も彼ら同様に　三、四品の答礼を
別号を記し渡した後、彼らからの礼物を開けてみると

煙草二十斤と　扇子が四本であった
一行の人々に分けてやると　皆大喜びする」（高島淑郎訳注・金仁謙著前掲書）

以上は、金仁謙の記述した、彼ら通信使たちが以酊庵僧からのプレゼントを拒否することから受け取るまでの一部始終である。

まずは三使臣への礼物の場合、礼物の入った重箱には贈呈者の名前が書かれていないから、通信使たちはそれが不敬だとして一度突き返した。相手が改めて名前を書いてから初めて受け取ったという。

次には、三使臣以下の製述官や書記にも礼物が届けられたが、彼らの対応はより一層頑くなった。「贈労」と書かれたら駄目、「贈遺」と書かれても駄目、相手からのプレゼントを「無礼」との理由で二度も引き返した。

その際、金仁謙ら通信使たちは、礼物を届けてきた相手の気持ちに感謝する素振りもなければ配慮する様子もない。とにかく言葉遣いの一つ二つからあら探しして「無礼」だと一方的に決めつけて押し返してくるのである。

もちろんその際、どういう言葉遣いが礼に叶っていないかは、まったく彼ら自身が朝鮮の基準と習慣に準じて勝手に決めるのであって、それが日本の基準からすればどうであるかを完全に無視している。彼らはまさに、このような一方的な態度で相手の日本人を散々困らせた後で礼物を「やっと受け取った」わけであるが、筆者の私から見れば、そういう人たちに何かをプレゼントすること自体がそもそもの間違いではないのか。というよりもむしろ、そういう連中とは最初から関わりを持たない方が一番良いのではないか。

このような歴史の教訓を、われわれは今でも、というよりも今だからこそ、きちん生かしていくべきではないのか。

日本人は「穢れた愚かな血を持つ」獣人間か

以上は、金仁謙がその対馬滞在中に詠んだ叙事詩の一部内容であるが、通信使一行が九州から上陸し、さらに瀬戸内海を経由して大坂や京都や江戸などの繁華なる大都会に入っていくと、金仁謙の意地悪な日本批判・日本罵倒はいよいよ本格化していくのである。

例えば彼は、大商業都市の大坂での見聞と感想を叙事詩として次のように綴っているのである。

「（大坂にある）美濃太守の宿所の傍《かたわ》らの　高殿《たかどの》にのぼり
四方を眺める　地形は変化に富み
人家もまた多く　百万戸ほどもありそうだ
我が国の都域の内は　東から西に至るまで
一里といわれているが、実際は一里に及ばない
富貴な宰相らでも　百間をもつ邸を建てることは御法度《ごはっと》
屋根をすべて瓦葺《かわらぶ》きにしていることに　感心しているのに
大したものよ倭人らは　千間もある邸を建て
中でも富豪の輩は　銅をもって屋根を葺《ふ》き
黄金をもって家を飾りたてている　その奢侈《しゃし》は異常なほとだ
南から北に至るまで　ほぼ十里といわれる
土地はすべて利用され　人家、商店が軒を連ねて立ち並び

中央に浪華江［淀川］が　南北を貫いて流れている
天下広しといえこのような眺め　またいずこの地で見られようか
北京を見たという訳官が　一行に加わっているが
かの中原《ちゆうげん》［中国］の壮麗さも　この地に及ばないという
この良き世界も　海の向こうより渡ってきた
穢《けが》れた愚《おろ》かな血を持つ　獣《けだもの》のような人間が
周の平王のときにこの地に入り　今日まで二千年の間
世の興亡と関わりなく　ひとつの姓を伝えきて
人民も次第に増え、このように富み栄えているが
知らぬは天ばかり　嘆くべし恨むべしである」（高島淑郎訳注・金仁謙著前掲書）

以上は、朝鮮通信使の金仁謙が日本の大坂での見聞と感想を詠んだ叙事詩の一部内容である。その前半の部分を読むと、彼はまず、大坂という大都会の繁栄と裕福と壮麗さに圧倒されて度肝を抜かれていることが分かる。そしてそれに伴って、日本の繁栄と豊かさに対する羨望と嫉妬の気持ちが彼の中で湧いてきていることも、その詩句からは読

み取れるのであろう。自分の国の朝鮮では、城郭といえば直径がせいぜい一里ほどなのに、この倭人たちの住む大坂は十里もあるのか。朝鮮では宰相のような高位の官僚でも邸宅の広さが百間程度しか許されないのに、倭人たちが千間もある豪邸を立てて黄金で家を飾り立てているのではないか。彼の発したこの一連の感嘆には、一種の妬みの感情が込められていることがよくわかる。

その一方彼は、大坂でみたこの繁栄さと豊かさを、どうしても自分の国の見すぼらしさと貧しさと比べてしまう。このような比較から彼はまた、自国のことを「小中華」だと自負してきた朝鮮知識人の悔しさと劣等感を強く感じずにいられないのであろう。

そして、日本に対するこのような羨望と嫉妬、悔しさと劣等感が彼の心の中で発酵して高まってくると、それは最後には、日本に対する激しい攻撃性に転じていくことになる。大坂の壮麗さと豊かさに対する感嘆から一転して、金仁謙は実際、こう書いているのである。

「海の向こうより渡ってきた、穢れた愚かな血を持つ　獣のような人間が、周の平王のときにこの地に入り今日まで二千年の間、世の興亡と関わりなく　ひとつの姓を伝えきて人民も次第に増え、このように富み栄えているが、知らぬは天ばかり　嘆くべし恨むべしである」と。

彼がここで言う「海の向こうより渡ってきた人間」は当然日本民族のことを指している。日本人が中国の周王朝の平の時代に海を渡ってこの地にやってきたという彼の歴史認識が正しいかどうかは別として、朝鮮知識人の金仁謙はここで、最も汚くて最も激しい侮辱的な言葉で日本人を口撃してきた。日本人は「穢れた愚かな血を持つ　獣のような人間」であると、彼が平然と書いているのである。

おそらく金仁謙からすれば、これほど激しい侮辱的な表現でも使って日本人を罵倒することによって初めて、自分の心の中で沸騰してきている嫉妬も悔しさも劣等感も一気に吹っ飛ばすことができるのであろう。日本に対する羨望と嫉妬と、そこから生まれる朝鮮知識人の悔しさと劣等感はそれほど激しくて深いものなのである。

そしてこの激しい悔しさと劣等感は今度、日本に対する激しい恨みと憎しみと化して、最後には日本に対する異様な侮辱と罵倒として噴出してくるのだが、よく考えてみればそれはすなわち、この時代の朝鮮知識人の日本に対する歪《いびつ》な深層心理と邪《よこしま》な感情の典型的な構造である。そしてそれは何もその時代に限られたことでもない。朝鮮半島の人々の日本に対するこのような態度と深層心理は、今でもそのまま生きているのである。

朝貢使としての悔しさをやりきれない金仁謙

大阪から京都へ往くと、日本に対する劣等感から生まれたところの日本憎悪はまたもや、別の形で金仁謙の心の中で爆発した模様である。

金仁謙は京都で見聞したことと感じたことを、次のような叙事風漢詩に詠んでいる。

「私は駕籠《かご》を下りないまま　倭城（京都）へ入る
人々の富める様は　大坂［大阪］には及ばないが
都の西から東までの距離は　三里に及ぶという
館舎は本能寺　五層の楼門の上には
十個余りの銅輪を施《ほどこ》した相輪が　天高くそびえている
庭の水石も見事であり　竹やその他の木も趣きがある

倭王の居所というから　その贅沢ははかり難いところである
山の姿は雄壮　河は野をめぐって流れ
沃野《よくや》千里を成しているが　惜しんで余りあることは
この豊かな金城湯池《きんじょうとうち》が　倭人の所有するところとなり
帝《みかど》だ皇《すめら》だと称し　子々孫々に伝えられていることである
この犬畜生にも等しい輩を　皆ことごとく掃討し
四百里六十州を　朝鮮の国土とし
朝鮮王の徳をもって　礼節の国にしたいものだ」（高島淑郎訳注・金仁謙著前掲書）

以上は、金仁謙の書いた叙事詩の京都見聞であるが、ここでも彼は、朝鮮知識人の本領を思う存分発揮している。京都の豊かさや地理環境の優れさを目にしてはとにかく気に食わない。そんな「豊かな金城湯池」を「倭人」が所有していることに、彼がまず感じたのは朝鮮人としての悔しさである。

本来、金仁謙という朝鮮人には男の意地というものがあれば、彼はここで、それなら自国のソウルを日本の京都以上の「豊かな金城湯池」にしていこうじゃないかと誓うべきところであろう。しかし当然のことながらこの朝鮮知識人にはこれほどの気概はあるはずもない。あるいは、朝鮮人はいくら頑張ってもそんなことができるはずもないことを、彼自身がよく知っているのかもしれない。

しかし自分たちは一体どうするのか。彼は一体どうやって、京都を見たときの自分の悔しさと劣等感を払拭することができるのか。実に情けない話であるが、朝鮮知識人の金仁謙はここでは、いわばマスターベーション的妄想にとりつくことによって、何となく自分の悔しさを吹っ飛ばそうとしていたのである。

彼は自分の脳内でこう妄想するのである。そうだ、いずれか我ら朝鮮王朝は、犬畜生同然の倭人たちをこの日本の地から一掃すれば良いのだ。倭人を一掃した上でこの「沃野千里」の土地、この「豊かな金城湯池」を我ら朝鮮のものにすれば良いのだと、金仁謙は想像の中で自慰を行い、ささやかな快感を覚えたのである。

もちろん金仁謙は、朝鮮国は日本を一掃するようなことができるはずもないことをよく知っているはずである。何故ならば、本書を通して見てきたように、彼ら朝鮮通信使の役目はそもそも朝鮮国王の名代として日本の徳川将軍に朝貢してくることであり、彼ら通信使自身はまさに屈辱の朝貢使そのものである。日本に朝貢しなければならないような朝鮮という国は、一体どうやって日本を「掃討」するのであろうか。

それを知っていながらも、金仁謙はやはり、「日本掃討」を妄想することによって以外に自らの悔しさを払拭することができない。彼らの悔しさはどれほど深刻なものであるかがこれでよく分かるが、残念ながら京都から離れて江戸にたどり着くと、金仁謙自身と通信使一行はそれこそ、最大級の悔しさを感じなければならない決定的な場面がやってくるのである。

それはすなわち、江戸城に上がって徳川将軍に四拝礼して国書を進呈するという、通信使の日本訪問のクライマックスとなる場面である。

これに関し、金仁謙は『日東壮遊歌』の中で次のように記している。

「二十七日、雨　国書伝達の時を迎える
使臣方は朝服を召《め》され　裨将らは戎衣《じゅうい》
文士訳官は　官服に身を整える
使臣方の輿《こし》が　従卒らに担《かつ》がれ
笛や太鼓を打ち鳴らし　六行の礼をもって進むが

私はひとりつらつら考えた末　儒者の身として
徒《いたず》らに城内に入り　関白《かんぱく》に四拝するなど
この上ない恥辱と思い　参列は取り止《や》め休むことにする
使臣方が　『ここまで来た上は
ともに赴《おもむ》き　見物してきたとて
悪いことではないから　出かけよう』と言われるので
私は笑って申し上げる　『国書を奉《ほう》じて行かれる使臣方は
恥辱を痛憤されましても　王命とあれば
致し方なく行かれもしましょうが　一介の文士である私としては
行事を見るために行き　犬畜生に等しい倭人に
拝礼するのは苦痛です　どうあっても行けません』」（高島淑郎訳注・金仁謙著前掲書）

以上のように、通信使節団の書記である金仁謙はやはり、通信使一行が日本の徳川将軍に四拝礼することを「恥辱」だと思い、国書進呈式への参列をさぼろうとした。この辺りからも、日本の将軍に対する四拝礼は屈辱の朝貢の礼であるとの認識が朝鮮通信使の中でも定着していることが伺えるが、その一方、それが朝貢の礼であることがわかっていながらも、通信使一行の主たる者はこの屈辱の拝礼の式典に行かざるを得ない。それこそは朝鮮通信使と朝鮮王朝が目を背《そむ》けたくなるような不本意な現実である。

そして金仁謙の場合、彼の選んだ道はすなわち、この屈辱の拝礼の場面から逃げることである。彼の立場が使節団の一書記であるからそれが許されるのであろう。金仁謙自身の記述によれば、彼は結局、拝礼の式典に参列せずに済んだという。

しかしその後、金仁謙はやはり気になって、参列した同僚の一人をつかまえて式典の詳細を聞き出した。そして『日東壮遊歌』の中では、同僚から聞いた話として、式典の様子を次のように描いているのである。

「(三使臣は) 執政に導かれ　梅《うめ》の間に入り
一度着座した後また退室　次に国書を奉じて
入り四拝し　私礼単を差し出し
また拝礼　関白の宴に臨《のぞ》んでまた礼
退出する際また礼をし　前後合わせ四度も四拝する

堂々たる千乗国《せんじょうこく》の国使が　礼冠礼服に身を整え
頭髪を剃った醜い輩に　四拝するとは何たることか」（高島淑郎訳注・金仁謙著前掲書）

以上の金仁謙叙事詩の描写から、朝鮮通信使が徳川将軍に四拝礼する場面の具体的な様子が伺える。通信使の正使と副使の三使臣は将軍に国書を呈するその時から、実は一度ではなく、四度にもわたって将軍に四拝礼することになっている。そんなのはもちろん、朝貢の礼以外の何ものでもなく、金仁謙を含めた多くの通信使たちがそれを屈辱だと思ったのも無理はなかろう。しかし金仁謙が描いたこの屈辱の四拝礼の式典は、それまでにはすでに十一回も執り行われて、一六〇七年からの百五十年以上、朝鮮王朝は日本に対してこのような屈辱の朝貢の礼を取り続けてきたわけである。そして朝鮮は、それが屈辱だと思いながらも通信使の派遣を取りやめることはできないし、四拝礼を改めることもできない。江戸時代を通して、朝鮮の日本に対する立場はまさにこのような哀れなものである。

そして、前述の申維翰や上述の金仁謙を例にとれば分かるように、その中にあって、もともと苦しい立場に立たされるのはまさに日本に派遣された彼ら通信使である。自分たちの役目が日本に対する朝貢の旅であることを知りながら、王命があるから日本へ行かざるを得ない。将軍への四拝礼は屈辱の朝貢の礼であることが分かりながら、主な使節たちがそれを拒否することもできない。そこから生じてくる彼らの悔しさや失落感は相当たるものであろうが、おまけに、その日本の旅において彼らはまた、朝鮮とは比べにならないほどの日本の繁栄と豊かさと文明度の高さを目にして、度肝《どぎも》を抜かれ大変な劣等感を抱かざるを得ない。

こうした中で、朝鮮一流の知識人の彼らは一体どうやって自分たちの悔しさや失落感や劣等感を払拭して精神的バランスを取り戻すことができるのか。その方法は二つしかない。一つはすなわち、日本のことを極力貶すことによって阿Q流の精神的勝利を得ることであり、もう一つはすなわち日本人や日本のことを徹底に憎み、徹底的に侮辱することによって悔しさと劣等感から解放されることである。そのために彼らは、日本人のことを禽獣だと犬畜生だと罵倒して日本民族そのものを軽蔑と憎しみの対象にしているのである。

そして、彼らの書き残した日本貶め・日本罵倒・日本侮辱の紀行文や日本にかんする言説が朝鮮の中で流布して読まれていくと、彼ら朝鮮知識人自身の歪んだ心から生まれたところの、「日本はとんでもない悪い国、日本人は禽獣だ」というイメージが朝鮮の中で定着してしまい、日本蔑視・日本憎悪は一種の民族感情として広がっていくのであろう。

そして現代に至っても、こうしたデタラメの日本イメージと日本蔑視・日本憎悪の感情はまさに韓国国民の日本に対する一般的イメージと韓国国民の日本に対する一般的な国民感情として根強く生き残っているのではないかと思う。

実はそれこそは、われわれは今になって、朝鮮通信使の歴史と通信使たちの日本認識を歴史として学び、それを真剣に考えてみることの意味であろう。いわば温故知新とはまさにこういうことである。ある意味では、通信使の時代から現代に至っても、半島の人々は何も変わっていない。われわれは彼らとの付き合いには気をつけないといけない。あるいはそもそも、彼らと一切付き合わないのはわれわれにとってのもっとも賢明な選択肢であるかもしれない。歴史の教訓からみれば、彼らとはやはり、関わってはいけないのである。

石　平（せき・へい）
評論家。1962 年、中国四川省成都生まれ。北京大学哲学部卒業。四川大学哲学部講師を経て、1988 年に来日。1995 年、神戸大学大学院文化学研究科博士課程修了。民間研究機関に勤務ののち、評論活動へ。2007 年、日本に帰化する。著書に『なぜ中国から離れると日本はうまくいくのか』（PHP 新書、第 23 回山本七平賞受賞）、『中国をつくった 12 人の悪党たち』（PHP 新書）『新装版　私はなぜ「中国」を捨てたのか』『こんなに借金大国・中国　習近平は自滅へ！』（ワック）などがある。

朝鮮通信使《ちょうせんつうしんし》の真実《しんじつ》
江戸《えど》から現代《げんだい》まで続《つづ》く侮日《ぶにち》・反日《はんにち》の原点《げんてん》

2019年11月10日　初版発行
2019年12月 9日　第 2 刷

著　者　石　平

発行者　鈴木 隆一

発行所　ワック株式会社
東京都千代田区五番町 4-5　五番町コスモビル　〒 102-0076
電話　03-5226-7622
http://web-wac.co.jp/

印刷製本　大日本印刷株式会社

ISBN978-4-89831-813-3

好評既刊

こんなに借金大国・中国
習近平は自滅へ！

石平・宮崎正弘

B-300

米中貿易戦争で「中国製造2025」「一帯一路」はもはや破綻だ。トランプは本気で中国5Gを排除・撃滅する覚悟だ。日本は中国経済の破綻に備えよ！

本体価格九二〇円

米中「冷戦」から「熱戦」へ
トランプは習近平を追い詰める

石平・藤井厳喜

B-289

日本よ、ファーウェイなど、中国スパイ企業を狙い撃ちしたトランプ大統領に続け！　米中（貿易）戦争は「文明社会」（アメリカ）と「暗黒帝国」（中国）の戦いだ。

本体価格九二〇円

「反日・親北」の韓国
はや制裁対象！

李相哲・武藤正敏

B-296

元駐韓大使と朝鮮半島専門家による迫熱の討論――。韓国人を反日にしないで、世界の首脳に平気でウソをつく文在寅政権を崩壊させる手はある！

本体価格九二〇円